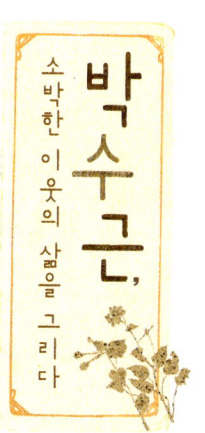

박수근, 소박한 이웃의 삶을 그리다

빛나는 미술가 2

박수근,
소박한 이웃의 삶을 그리다

고태화 글 · 홍정선 그림

사□계절

머리말

박수근 이야기를 시작하며

2014년 올해는 박수근 화백이 세상에 태어난 지 100년째 되는 해입니다. 탄생 100주년을 맞이하여 화랑에서 전시회를 여는 등 이런저런 기념 행사가 열리고 있습니다. 아마 이 책을 펼쳐 든 어린이 여러분 중에도 전시회에 다녀온 친구가 있겠지요?

박수근은 열두 살 무렵 프랑스 화가 밀레의 그림에 깊은 감동을 받아 화가가 되기로 다짐했습니다. 생활이 어려워 중학교에도 못 들어갔지만 홀로 꿋꿋이 공부하여 밀레처럼 농촌의 풍경이며 그 시절 서민들이 살아가는 모습을 그렸습니다. 그리하여 오늘날 '한국의 밀레'라고 불릴 만큼 세계적으로 이름을 날리는 화가가 되었습니다.

박수근은 평생 가난한 생활을 했으며 살아생전에 화가로서 크게 인정받지도 못했습니다. 주변 사람들은 그에게 왜 그렇게 궁색하고 우중충한 풍경만 그리냐고, 누가 그런 그림을 사서 집에 걸어 놓고 싶겠냐고 충고했습니다. 미술 평론가들도 너무나 독창적인 그의 그림을 잘 이해해 주지 못했습니다.

그렇지만 박수근은 주변의 평판에 흔들리지 않고 꿋꿋이 자기만의 그림 세계를 펼쳐 나갔습니다. 그가 그리고 싶은 그림은 가난하고 착하게 살아가는 이웃들, 그리고 전쟁의 아픔을 겪은 세상 풍경이었습니다. 굶주림과 아픔에 시달리던 그 시절 풍경을 따뜻한 사랑과 연민의 시선으로 바라보며 화폭 위에 고스란히 옮겨 담았습니다.

만일 그가 자신의 그림 세계를 포기하고 사람들의 관심을 얻기 위한 그림을 그렸다면 한 점이라도 그림을 더 팔아 궁핍함을 벗어났을지도 모릅니다. 그러나 그런 평범한 그림이라면 오늘날까지 길이 남아 세상 사람들의 마음을 울리는 일은 없었을 것입니다.

어린이 여러분은 어떤 꿈을 품고 있나요?

어떤 꿈이든 주변 환경 때문에 그 꿈을 포기하는 어리석은 선택은 하지 마십시오. 고난과 역경을 무릅쓰고 자신이 하고 싶은 일에 도전하는 것만큼 아름다운 삶은 없습니다. 박수근은 병과 가난으로 가장 고통스러웠던 삶의 순간에 가장 아름다운 작품을 남겼습니다. 그만큼 그림에 대한 열망이 컸기에 어떤 고통도 견뎌 낼 수 있었습니다. 이 책을 읽는 여러분도 박수근처럼 온 열망과 노력으로 자신의 꿈에 도전하기를 바랍니다.

2014년 여름
고태화

차례

머리말 · 6

1장 한국의 밀레를 꿈꾸는 소년
선생님의 선물 · 12
바위를 화폭 삼아, 뽕나무 숯을 연필 삼아 · 19
느릅나무 아래서 · 24

2장 스승도 동료도 없이
조선미술전람회에 입선하다 · 32
가족들을 떠나보내다 · 40
춘천 생활, 첫 개인전 · 45

3장 재산이라곤 붓과 팔레트뿐이지만
이웃집 처녀를 사랑하다 · 50
아내를 모델로 그림을 그리다 · 55
평양 생활, 단칸방에 일곱 식구 · 61

4장 전쟁의 폭풍 속에서
금성에서 불안한 나날을 보내다 · 68
홀로 남쪽으로 떠나가다 · 71
헤어진 가족을 그리며 · 77

5장 창신동 마루 화실에서

우물가를 바라보며 · 84
특선 작가로 이름을 알리다 · 87
수근을 보며 수군대는 아낙들 · 94
덧칠하고 또 덧칠하다 · 100

6장 선함과 진실함을 그리는 화가

선하고 진실한 이웃들 · 106
여인을 그리는 화가 · 111
대한민국미술전람회 낙선 · 117
세계 무대로 한 걸음 · 124

7장 나무를 그리며

이야기책을 만들어 주는 아버지 · 132
술로 아픔을 달래다 · 139
봄을 기다리는 나무 · 145
천당이 멀어, 멀어 · 150

부록

박수근의 생애 · 156
이 책에 실린 작품 · 158

선생님의 선물

 가지 끝에 까치밥으로 남아 있던 감마저도 가뭇없이 사라져 가는 겨울날입니다. 마을 언덕에 올라 그림을 그리던 소년은 이만 자리를 털고 일어납니다. 양지발랐던 언덕이 어느새 완전히 그늘에 잠겨 있었습니다.
 "서둘러야겠군."
 소년은 오늘도 학교를 마치고 언덕에 올라 한참이나 그림을 그렸습니다. 날도 추운데 집으로 곧장 오지 않고 밖을 쏘다닌다고 부모님께 또 꾸중을 들을 것 같습니다.
 소년은 나지막한 비탈길을 쏜살같이 뛰어내렸습니다.
 집 앞에 이르러 사립문을 밀던 소년은 흠칫 걸음을 멈췄습니다. 마당에 낯선 모습의 두 남자가 등을 보이고 서 있고, 소년의 어머니와 아버지가 그들을 마주한 채 마치 죄인처럼 굽신거리고 있었습니다.
 "이렇게 찾아와 주셨는데 잘 대접해 드리지도 못하고 면목이 없습니다."
 "아닙니다. 괜히 저희가 와서 어머님 아버님께 걱정만 안겨 드린 게 아닌가 모르겠군요."
 "어휴, 무슨 말씀이세요. 선생님들께서 이렇게 신경 써 주셔서 그저 고마울 뿐입니다."

"그럼 저희는 이만 돌아가 보겠습니다."
"네, 늦었는데 조심히 가십시오."

사립문 너머에서 귀를 모으고 있던 소년은 잽싸게 발을 돌려 달아났습니다. 두 남자는 낯선 사람이 아니라 바로 소년의 담임과 교장 선생님이었습니다. 이전에도 가끔 선생님이 집으로 찾아오긴 했으나 오늘은 웬일로 담임과 교장 선생님 두 분이 함께 오셨는지 의아했습니다.

〈나물 캐는 소녀들〉 1961년
산촌에서 나고 자란 박수근은 주변에서 흔히 볼 수 있는 소녀와 아낙들의 모습을 즐겨 그렸습니다.

소년은 언덕길 어귀, 커다란 바위 뒤에 숨어 납작 엎드렸습니다. 알싸한 풀 향기가 코끝을 간질였습니다. 고개를 돌리니 동네 소녀와 아낙들이 날이 저무는 줄도 모르고 나물을 캐고 있었습니다. 잠시 숨을 죽이고 있자니 바위 너머로 두런두런 말소리가 들려왔습니다. 담임과 교장 선생님이 몇 걸음 옆에 소년이 있는 줄도 모르고 휘적휘적 멀어져 갔습니다.

집으로 돌아오니 어머니 홀로 마루에 걸터앉아 있었습니다. 그사이 마당 한가득 땅거미가 밀려와 있었습니다.

"다녀왔습니다, 어머니."

소년은 짐짓 명랑하게 인사했습니다.

"이제 왔구나."

어머니의 목소리는 나직하였습니다. 얼굴은 시름에 잠겨 힘이 없어 보였습니다. 평소라면 분명 늦게 들어왔다고 야단쳤을 텐데 오늘은 오히려 측은해 하는 얼굴로 소년을 바라보았습니다. 선생님들이 대체 무슨 말씀을 하고 가신 걸까? 소년은 궁금했지만 어머니의 근심 어린 얼굴을 보니 섣불리 물어볼 수가 없었습니다.

소년은 애써 어머니의 얼굴을 피하며 마루 위로 올라섰습니다.

"수근아."

그때 어머니가 나직이 소년의 이름을 불렀습니다.

"장남인 우리 아들을 학교도 못 보내 줘서 어떡하니. 정말 미안하구나."

"아, 어머니도 참, 제가 괜찮다고 했잖아요."

소년은 어머니 옆으로 다가와 앉으며 말했습니다.

"보통학교도 못 가고 집에서 일만 하는 애들도 있는데 저는 그래도 보통학교는 졸업하잖아요."

소년은 보름쯤 뒤면 보통학교 과정을 모두 마치게 됩니다. 그러나 집안 형편이 어려워 고등보통학교 진학은 하지 않기로 부모님과 약속을 한 상태입니다. 옛날에는 너도나도 가난했기 때문에 보통학교만 겨우 졸업하고 집안일을 돕는 아이들이 많았습니다.

"네가 그림을 그렇게 잘 그린다는데…… 수근아, 방금 네 담임하고 교장 선생님이 다녀가셨단다. 이걸 주고 가셨어."

어머니는 아들의 손에 누런 갱지 묶음과 연필 세 자루를 건넸습니다.

"우아, 신난다! 이 종이라면 앞으로 한 달은 실컷 그릴 수 있겠는데요."

그림 그리기를 좋아하는 소년에게 종이와 연필은 그 무엇보다 반가운 선물이었습니다. 물감은 물론 종이 한 장 구하기도 어려웠던 시절이었지요. 교장 선생님은 전에도 몇 번 집에 찾아와 그림 그릴 종이며 물감을 주고 가실 만큼 소년의 그림 실력을 귀하게 여겼습니다.

"네 그림 재주가 빼어나니 웬만하면 진학을 시키라고 어머니 아버지를 설득하러 오셨더구나. 그런데 우리 형편이 이래서야 어떻게……."

어머니는 두 손으로 소년의 손을 꼭 쥐며 말했습니다.

"어머니, 저는 학교 안 다녀도 괜찮아요. 오히려 잘됐는지도 몰라요. 학교에 가지 않으니 하루 종일 그림만 그릴 수 있게 됐잖아요."

"네가 그렇게 얘기해 주니 어머니 마음이 한결 낫구나. 선생님이 많이 걱정하셨어. 네 재주가 아깝다고, 집에서라도 계속해서 그림 그릴 수 있게 뒷받침해 주라고……."

"어머니, 걱정 마세요. 제 일은 제가 다 알아서 할게요."

소년은 어머니에게 쥐인 손을 당겨 반대로 어머니의 두 손을 꼭 잡아 드렸습니다. 그리고 앞으로 학교에 다니지 않는 대신 남들보다 더 열심히 그림을 그려 꼭 훌륭한 화가가 되리라고 다짐했습니다.

그렇게 독학의 길로 들어선 소년은 훗날 '가장 한국적이며 가장 세계적인 화가'로 불리며 널리 이름을 알렸습니다. '국민 화가 박수근'으로서 우리나라를 대표하는 화가가 된 것입니다. 박수근의 그림은 세월이 갈수록 그 가치를 더해 가고 있습니다. 그러나 살아생전 그의 삶은 몹시 외롭고 고달팠다고 합니다.

우리의 국민 화가 박수근은 어떤 삶을 살았을까요? 어떻게 그림 공부를 했고, 어떤 그림을 그렸기에 오늘날 세계의 시선을 끌어모으는 화가가 됐을까요?

바위를 화폭 삼아, 뽕나무 숯을 연필 삼아

박수근은 1914년 2월 강원도 양구군 양구면 정림리에서 태어났습니다. 양구군은 휴전선 바로 밑, 한반도의 배꼽 자리에 있는 산간 지역입니다. 어느 곳으로 고개를 돌려도 높고 낮은 산들이 눈앞을 가로막고 있는 깊은 산골이지요. 비록 바위도 많고 땅도 비탈져 농사짓기 불편했지만 흙이 기름져서 농작물은 어느 밭에서나 잘 자라 주었습니다.

양구에 넓은 논밭을 가진 수근의 집안은 부유했습니다. 수근은 어머니가 딸 셋을 내리 낳은 뒤 아들을 바라는 간절한 기도 끝에 얻어 낸 자식입니다. 그런 만큼 남다른 축복과 보살핌 속에서 자라났습니다.

"우리 귀한 아들, 이다음에 크면 뭐가 되려나."

"얼마나 순한지 어머니 힘들지 말라고 젖만 먹으면 이리 곤히 자네요."

수근은 아기 적부터 잘 울지도 않더니 여리고 순한 아이로 자라났습니다. 사내아이가 억세지 못하다고 걱정을 들을 정도였습니다.

여섯 살 때까지만 해도 수근은 남들의 부러움을 사는 부잣집 장남이었습니다. 그런데 수근이 보통학교에 들어가던 해, 아버지가 큰맘 먹고 시작한 사업이 망해 버렸습니다. 우리나라가 일본의 지배를 받은 지 십일 년째 되는 1921년이었지요. 그즈음 일본 제국주의는 식민지 자원을 개발하는데 열을 올리고 있었는데, 수근의 아버지는 이 기회에 광산 사업으로 큰돈을 벌어 볼 작정이었습니다. 그러나 큰돈은커녕 빚만 잔뜩 짊어지고 말았지요.

"아이고, 이를 어쩌면 좋아. 이렇게 빈털터리가 돼서 뭘 먹고 살아요."

"우리가 왜 빈털터리요! 논밭이 아직 남아 있는데 설마하니 밥이야 굶겠소?"

근심하는 아내에게 수근의 아버지는 큰소리를 쳤습니다.

그러나 그해 여름에는 양구 땅에 재앙이라도 내린 듯 유난히 폭우와 돌풍이 심했습니다. 산이 맥없이 무너지고 여름 햇살 아래 영글어 가던 농작물도 빗물에 휩쓸려 버렸습니다. 온 동네 사람들이 땅을 치고 하늘을 원망하며 실의에 빠졌습니다.

부잣집 소리 듣던 수근네도 한순간에 가난한 집이 되었습니다. 한번 기울어진 집안 형편은 해가 갈수록 더 어려워져만 갔습니다. 수근의 어머니는 날마다 끼니 걱정을 해야 했습니다. 수근 밑으로도 남동생이 둘 있어 적지 않은 식구였습니다. 전에는 집안일을 도와주는 하인도 있었는데 이제는 모두 어머니 몫이었습니다. 고생하는 어머니를 보며 수근은 마음이 아팠습니다. 철없는 동생이 모처럼 쉬고 있는 어머니 앞에서 칭얼댈 때면 일부러 동생들을 데리고 나가 놀다가 오기도 했습니다.

오늘도 수근은 두 동생을 데리고 계곡으로 나왔습니다.

계곡을 따라 키 낮은 국화꽃들이 무더기무더기 피어 있었습니다.

"동근아, 원근아, 형처럼 이렇게 바위에 누워 봐. 바위가 참 따뜻하단다."
수근은 넓은 바위에 등을 대고 누워 동생들을 불렀습니다.
동근과 원근이 앞다투어 형에게 달려왔습니다.
"형, 재미있는 이야기 해 줘."
요즘 부쩍 옛이야기에 빠져 어머니와 형을 조르는 동근이었습니다.
"음, 무서운 얘긴데 괜찮아?"
"응. 낮이니까 괜찮아. 하나도 안 무서워."
동근과 원근은 형의 양옆으로 바짝 다가왔습니다.
"저기 저 옆 마을에는 굴바우라는 커다란 바위가 있어. 그 바위 밑에는 길고 긴 굴이 나 있대. 옛날에 전쟁이 일어났을 때 한 스님이 그 굴로 숨어 들었는데 불쌍하게도 적군에게 잡혀서 죽고 말았어. 그 후로 하늘빛이 흐린 날이면 그 굴 속에서 둥둥둥 북 치는 소리가 들려오는데……."
"에이, 형! 그건 지난번에 들려줬잖아."
"하하하, 그런가?"
예부터 양구 땅에는 글쓴바우, 광대바우, 굴바우 등 저마다 전설을 간직한 바위들이 이곳저곳 자리해 있었습니다. 수근은 그 전설에 상상을 보태어 동생들에게 재미있는 이야기를 들려주곤 했습니다.
"이야기 대신에 형이 그림 그려 줄까?"
"에이, 그림 그릴 종이도 없는데 어떻게?"
"종이와 연필이 없다고 해서 못 그릴 형이 아니지."

〈독서〉 1950년대
이 그림은 박수근의 큰딸 인숙의 모습을 그린 것이라고 전해집니다.

수근은 자리에서 일어나 작은 돌멩이를 몇 개 주워 왔습니다. 그리고 자기가 누웠던 바위에다 돌멩이로 그림을 그리기 시작했습니다. 수근의 손을 따라 누렇고 검고 푸른 선들이 이어지더니 금세 지팡이를 짚은 스님의 모습이 나타났습니다. 누렇고 검고 푸른 빛이 나는 돌멩이를 색연필 삼아 그린 것이었습니다.

"이야, 역시 우리 형이야!"

동근이 엄지손가락을 번쩍 치켜세웠습니다.

"하하, 이다음에 형이 그림도 그리고 재미있는 글도 써서 이야기책을 만들어 줄게. 자, 약속!"

수근은 어깨를 으쓱하며 동생들과 새끼손가락을 걸었습니다.

언제부터인지 수근은 틈만 나면 그림을 그렸습니다. 종이가 없으면 나무 판자에다 혹은 바위에다 그렸습니다. 연필이 없으면 뽕나무를 태워 만든 목탄으로, 그마저도 없으면 뾰족한 돌멩이를 주워다 그렸습니다. 그림을 그리고 이야기를 붙여 동생들에게 들려주다 보면 어느새 마음이 한껏 밝아졌습니다. 축 늘어진 아버지의 어깨와 시름에 잠긴 어머니의 얼굴도 잊을 수 있었습니다.

훗날 박수근은 동생들에게 했던 약속을 어린 자식들에게 대신 지키게 됩니다. 이야기책을 만들어 준 것입니다. 그때는 인쇄기가 없어서 한 권으로 서로 돌려 가며 읽었지만, 지금은 새롭게 편집되고 인쇄되어 많은 어린이들이 읽을 수 있게 되었습니다.

느릅나무 아래서

"자, 오늘은 이만하고 마무리는 집에 가서 해 오도록!"
"예!"
우렁찬 대답과 함께 아이들은 책상 위에 어질러진 종이며 목탄을 정리하고 서둘러 책보를 챙깁니다. 오늘의 마지막 수업인 미술 시간이 끝난 것입니다. 그런데 아직 책상 위에 고개를 콕 박고 있는 아이가 있었습니다.
"수근아, 아직 다 못 그렸어?"
"응, 오늘따라 더 오래 걸리네."
"어휴, 너는 대충 그려도 잘 그리면서 뭘 그렇게 뜸을 들이고 그래?"
"하하, 대충 해서 잘 그린 적 없어."
쑥스러운 마음에 수근은 그림 그리던 손을 멈추었습니다. 교실 청소도 해야 하니 아쉽지만 이제 그만 일어서야 했습니다.
수근은 학교에서 그림 잘 그리는 아이로 소문이 자자했습니다. 교실 뒤 벽에는 언제나 수근의 그림이 붙어 있었습니다. 수근도 미술 시간이 가장 신 났습니다. 다른 수업 시간은 더디 지나가는데 미술 시간은 어쩜 그리도 빨리 지나가는지 매번 아쉽기만 했습니다.
수근이 다니는 양구공립보통학교 옆 언덕에는 커다란 느릅나무 두 그루가 나란히 서 있었습니다. 수근은 이 느릅나무 아래 앉아 그림을 그리거나 생각에 잠기곤 했습니다. 오늘도 미술 시간에 채 완성하지 못한 스케치를 하려고 느릅나무 언덕을 찾아갔습니다.

한창 그림을 그리고 있는데 누군가 수근의 어깨를 톡톡 두드렸습니다. 수근은 움찔 놀라 고개를 돌렸습니다.

"아, 선생님 언제 오셨어요?"

"허허, 수근이가 선생님 발소리도 못 들을 만큼 그림에 집중하고 있었구나."

"아니에요, 아마 바람 소리 때문에 못 들었을 거예요."

수근은 부끄러운 생각에 변명을 했습니다.

학교 선생님들이 모두 수근의 그림을 칭찬했지만 그중에서도 특별한 관심을 보이며 격려해 주는 선생님이 둘 있었습니다. 일본 사람인 교장 선생님과 지금 수근의 옆에 있는 오득영 선생님이었습니다.

"수근아, 선생님이 이 학교에서 가장 좋아하는 풍경이 뭔지 아니?"

"좋아하는 풍경요? 음…… 사시사철 옷을 갈아입는 저 앞의 산이요? 아니면……."

"허허, 저 산도 아름답지만, 선생님은 이 느릅나무 아래서 수근이가 이렇게 그림 그리고 있는 모습이 제일 보기 좋단다."

앞산을 향하고 있던 오득영 선생님이 수근의 얼굴로 시선을 돌렸습니다. 수근도 선생님의 얼굴을 마주 보았습니다.

"수근이도 이제 곧 졸업이구나. 진학은 정말 안 하기로 한 거니?"

"네, 하지만 선생님 말씀처럼 그림은 더 열심히 그릴 거예요."

"그래, 졸업하더라도 어려운 일 있으면 선생님 찾아와서 얘기해라. 선생님이 힘 닿는 대로 도와줄게. 수근이는 앞으로 밀레처럼 훌륭한 화가가 될 거야."

"어? 선생님도 밀레를 아세요?"

수근의 목소리가 갑자기 커졌습니다.

얼마 전 수근은 우연히 밀레의 그림 〈만종〉을 보았습니다. 밀레가 어떤 화가인지는 잘 알지 못하지만 〈만종〉은 수근이 여태껏 보았던 그림 중 가장 멋진 그림이었습니다. 그날 집으로 돌아온 수근은 두 손 모아 기도를 올렸습니다.

"하느님, 저도 이다음에 커서 밀레와 같은 화가가 되게 해 주세요. 밀레처럼 아름다운 세상을 그릴 수 있게 해 주세요."

그렇게 혼자 가슴속에 품고 있던 화가의 이름을 오득영 선생님한테서 들으니 반갑기 그지없었습니다.

"너도 밀레의 그림을 본 적이 있나 보구나."

"네, 저물녘 들판 위에서 부부가 두 손 모아 기도하는 모습이었어요. 하루 종일 일을 하고 난 부부가 고달프다기보다는 무척 평화롭고 아름다워 보였어요."

"아, 〈만종〉을 본 모양이구나. 밀레는 그렇게 일하는 농부들의 모습을 주로 그렸던 프랑스 화가지. 지금 화가는 세상을 뜨고 없지만 그의 그림들은 아직까지도 길이 남아 세상 사람들에게 감동을 주고 있단다. 수근이도 열심히 한다면 그렇게 감동적인 그림을 그릴 수 있을 거야."

　수근은 몰래 했던 기도를 들킨 것만 같아 부끄러웠습니다. 밀레처럼 멋진 그림을 그리려면 어떻게 그림 공부를 해야 할지 막막한 기분이 들기도 했습니다. 그런 수근의 마음을 들여다본 듯 선생님이 말했습니다.

　"수근아, 그림은 누가 가르쳐 준다고 해서 잘 그릴 수 있는 게 아니란다. 혼자서 수없이 그리고 또 그려 보는 게 중요하지. 아무리 훌륭한 미술 선생님한테서 배운들 그런 노력이 없으면 무슨 소용이겠니?"

　선생님은 두툼한 손으로 수근의 어깨를 가볍게 토닥여 주었습니다.

　그 순간 수근의 가슴속에는 작은 등불 하나가 켜지는 듯한 느낌이었습니다. 그저 막연하게 기도했던 화가에 대한 꿈을 이룰 수 있을 것만 같았습니다.

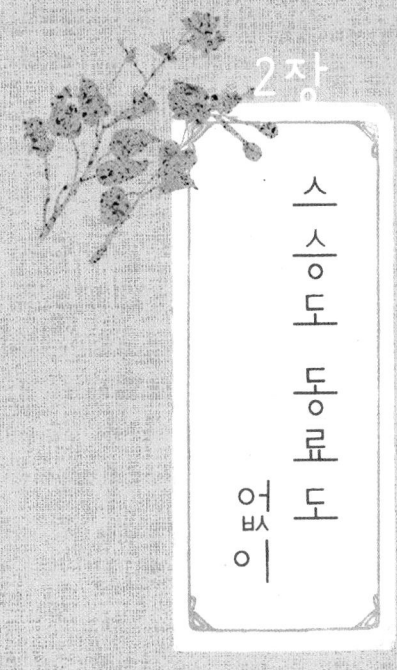

2장
스승도 동료도 없이

조선미술전람회에 입선하다

 수근은 학교에 다니지 않는 대신 집안일을 돕는 한편으로 종이와 목탄이며 연필을 챙기고 들로 산으로 나갔습니다. 맘에 드는 풍경을 만나면 몇 시간이고 며칠이고 그 풍경을 관찰하며 그림을 그렸습니다. 목탄으로 그렸다가 연필로도 그려 보고, 어렵게 얻은 수채 물감을 풀어 색을 입혀 보기도 했습니다. 맘에 들지 않으면 맘에 들 때까지 똑같은 그림을 수없이 그렸습니다.
 "그런데 다른 사람들은 내 그림을 어떻게 생각할까? 이 그림이 과연 잘 그린 그림일까?"
 수근은 그림을 그리면서도 그런 의구심을 떨쳐 낼 수 없었습니다. 그러나 홀로 공부하는 그에게는 스승도 동료도 없었습니다. 그의 그림에 대해 충고하고 조언해 줄 사람이 주변에 없었습니다. 의구심이 들 때마다 수근이 할 수 있는 거라곤 오로지 또다시 그려 보는 것밖에 없었습니다.
 오늘도 수근은 화구를 챙겨 들고 길을 나섰습니다.
 한참을 걸어가자 저 앞에서 누군가 소 달구지를 몰고 오고 있었습니다. 조금 더 걸어가자 달구지 주인이 수근을 향해 손을 흔들었습니다.
 "수근아, 오랜만이다!"

어릴 적 함께 학교를 다녔던 친구였습니다.

"아, 형만이구나. 일하러 가는 거야?"

"응. 너는 요즘도 맨날 그림 그리며 지내는 거야? 네 아버지가 걱정하시던데……."

수근의 손에 들린 화구를 보며 형만이 말했습니다. 수근은 왠지 부끄러워 화구 든 손을 슬그머니 뒤로 감추었습니다.

"그러게. 너는 벌써 장가도 가서 아기까지 있는데 나는 이게 뭐람."

"흐흐, 나야 뭐 할 줄 아는 게 있어야지. 수근아, 그럼 다음에 보자."

친구는 달구지를 몰고 저만치 멀어져 갔습니다.

수근의 나이 벌써 열일곱, 홀로 외롭게 그림 공부를 한 지 오 년째였습니다. 독학의 길을 걷는 동안 수근이 견뎌야 했던 것은 외로움뿐만이 아니었습니다.

"사내자식이 돈 벌 궁리는 하지 않고 그림 따위 그려서 뭐한담."

아버지와 동네 어른들이 자신을 바라보며 이렇게 중얼거리는 것을 그는 알고 있었습니다. 그런 사람들의 시선이 수근을 더욱 외로움과 불안감에 빠뜨렸습니다.

'언제쯤이면 이 화구를 떳떳이 들고 다닐 수 있을까? 언제쯤이면 사람들 앞에서 나는 그림 그리는 사람이라고 당당히 말할 수 있을까?'

그러려면 화가가 되어야 했습니다. 혼자서 조용히 그림 공부만 하고 있으면 아무도 화가라고 불러 주지 않습니다. 일제 강점기였던 그 당시 공식적

으로 화가의 이름을 얻는 길은 조선미술전람회라는 미술 공모전에 작품을 내서 뽑히는 것이었습니다.

조선미술전람회는 1922년 조선총독부가 문화 통치의 한 수단으로 만든 것입니다. 1919년 우리 민족이 일제에 저항해 일으킨 3·1운동 이후 조선총독부는 총칼을 앞세운 강압 통치에서 물러나 문화 통치로 정책을 바꾸었습니다. 비록 일제의 정책에 따르는 건 마뜩지 않았지만 이 당시 화가 지망생들은 대부분 조선미술전람회에 기댈 수밖에 없었습니다. 녹향회, 동미회 등 몇몇 미술 단체가 주최하는 공모전도 있었지만, 우선은 조선미술전람회에서 수상해야만 정식으로 화가로서 인정해 주었기 때문입니다.

수근은 경성에서 해마다 조선미술전람회가 열린다는 소식을 들었습니다. 그러나 선뜻 작품을 내기는 망설여졌습니다. 화가의 길을 걷는 일본인과 조선인의 작품이 거의 1000점이나 모여 경쟁을 치르는 자리였습니다. 그 수많은 작품 중에서 200점 정도를 뽑아 조선총독부 건물에서 전시회를 연다고 합니다. 일본에서 제일가는 예술대학에서 공부한 사람도 몇 번이나 출품했지만 계속해서 떨어졌다고 합니다.

'정식으로 공부한 거라곤 보통학교 미술 시간에 배운 게 전부인 내가 그들과 경쟁할 수 있을까?'

그러나 열여덟 살이 되던 1932년 봄, 보통학교 시절 교장 선생님의 격려에 힘입어 드디어 출품을 했습니다. 〈봄이 오다〉라는 수채화로, 이제 막 겨울을 보내고 밭고랑이며 나무에 움이 돋기를 기다리는 농가의 풍경을 담은

〈봄이 오다〉 1932년
1932년 제11회 조선미술전람회 입선작.
박수근이 처음으로 세상에 발표한 이 작품은 그에게 '화가'의 이름을 안겨 주었습니다.

그림입니다. 텅 빈 하늘로 가지를 뻗은 앙상한 나무와 화면의 절반이나 차지한 텃밭이 자못 쓸쓸해 보이지만, 그래서 더욱 봄을 기다리는 마음이 느껴집니다.

　작품을 내고 결과 발표를 기다리던 며칠 동안 수근의 마음은 설렘과 불안감으로 들썩였습니다. 그동안 그림에 대한 찬사는 수없이 들어 왔지만 그건 그저 주변 사람들이 던져 주는 말일 뿐이었습니다. 그런데 이제 난생처음 미술 전문가들에게 공식적으로 평가를 받게 된 것입니다. 떨어지더라도 절망하지 말자고 단단히 마음을 다졌습니다. 기회는 다음 해에도 또 다음 해에도 올 것입니다. 그걸 알면서도 수근의 마음은 쉬이 가라앉지 않았습니다.

　5월 어느 날, 드디어 수근을 찾는 전보 한 통이 날아왔습니다.

　유난히 두껍고 기다란 손이 전보를 쥔 채 한동안 떨고만 있었습니다. 마침내 전보를 펼치고 '제11회 조선미술전람회 서양화부 입선'이라는 글자를 확인한 순간, 수근은 가슴이 터질 것만 같았습니다. 독학을 하던 지난 오 년간의 외로움과 서러움이 한순간에 씻겨 나가는 것 같았습니다.

　수근은 전보를 들고 아버지가 일하는 가게로 달려갔습니다. 아버지는 그 당시 시계점을 열어 운영하고 있었지만 시계를 차고 다니는 사람이 별로 없어서 장사가 잘 되지 않았습니다.

　"아버지, 이것 좀 보세요. 제 그림이 나라에서 주최한 공모전에서 입선으로 뽑혔어요."

"아니, 그럼 네가 이제 정말 화가가 된 거란 말이냐?"

화가라는 말에 수근은 쑥스러운 듯 웃음만 지었습니다.

"그렇게 열심이더니 결국 이런 결과가 와 주었구나."

그동안 그림 그리는 아들이 못마땅했던 아버지도 합격 소식만큼은 기쁠 수밖에 없었습니다. 그러면서도 마음 한편 걱정이 드는 것을 숨길 수가 없었습니다.

"그렇지만 걱정이구나. 끼니 걱정으로 고달픈 세상에 누가 그림 같은 걸 돈 주고 사려 할까."

그런 아버지의 마음을 수근은 이해했습니다. 입선 한 번 했다고 해서 마냥 기뻐할 수만은 없었습니다. 그는 이제 겨우 화단의 문턱 안으로 발을 들여놓았을 뿐입니다. 앞으로 가야 할 길은 이전보다 더 외롭고 험난할지도 모릅니다. 아무리 열심히 그려 봐야 그림을 팔아 살림을 꾸리기는 어려운 일이었습니다. 그래서 수근처럼 '화가'의 이름표를 달고도 생활고에 시달려 붓을 놓아 버리는 사람이 많았습니다.

가족들을 떠나보내다

11회 조선미술전람회에 입선한 뒤로도 수근은 해마다 작품을 냈습니다. 그러나 12회에서 14회까지 모두 떨어지고 맙니다. 낙선을 거듭하며 수근의 마음은 조급해졌습니다.

그러던 어느 날 우체국에 갔다가 신문을 넘겨 보던 중이었습니다.

낮에는 일하고 밤에는 공부하는 동경 고학생

큼지막한 제목이 수근의 눈을 사로잡았습니다. 일본에서 미술 대학을 다니는 조선 청년 이인성을 소개하는 기사였습니다.

이인성은 수근처럼 보통학교만 나왔으나 미술에 대한 천부적인 재능을 인정받아 주위 사람의 도움으로 일본으로 유학을 떠났다고 합니다. 낯선 땅에서 주경야독하는 생활 중에도 조선미술전람회에서 특선을 하는 등 그 시절 미술계에서 촉망 받는 인재였습니다.

"나도 일본에 건너가 고학이라도 해서 그림 공부를 해 볼까?"

그 당시 많은 화가 지망생들이 미술 전문 대학교가 있는 일본에서 유학 생활을 하고 있었습니다. 일제의 탄압으로 우리나라 대학에는 미술부를 둘 수 없었습니다. 일본이 우리의 민족 의식을 뿌리 뽑기 위해 국어 과목을 없애는 등 문화 예술 방면에서 갖은 횡포를 일삼던 시절이었지요. 결국 우리나라는 1945년 해방을 맞은 후에야 대학에 미술부가 하나둘 생겨나기 시작했습니다.

수근이 막연히 유학을 꿈꾸던 그즈음 공교롭게도 어머니가 앓아눕고 말았습니다. 병원에 갔더니 가슴에 이미 치료하기 어려울 만큼 큰 종양이 자라고 있었습니다. 그 뒤 수근은 시집간 누나들을 대신해 어머니 곁을 지키며 간호했습니다. 수제비를 끓여 아버지와 동생들에게 차려 주는 것도 수근의 몫이었습니다.

"수근아, 네가 이 어미 때문에 고생이 많구나. 내가 얼른 눈을 감아 버려야 하는데……."

수근이 끓여 온 죽을 떠 먹으며 어머니가 말했습니다.

"어머니, 그게 무슨 말씀이세요? 어머니는 분명 건강해지실 거예요. 내년에는 제가 꼭 다시 조선미술전람회에 뽑힐 테니 전시회장에 함께 가서 구경해요, 어머니."

수근은 애써 명랑한 목소리로 말했습니다.

그러나 어머니가 먹고 난 죽 그릇을 들고 부엌으로 향하는 그의 눈은 붉게 물들어 있었습니다.

"어머니 돌아가시면 이 그릇들은……."

수근은 부엌에서 어머니의 손때 묻은 그릇을 만지며 흐느꼈습니다. 누가

들을세라 바닥에 웅크리고 앉아 소리를 죽이고 울었습니다.
 아들의 극진한 간호에도 어머니는 1935년이 되던 해에 세상을 뜨고 말았습니다.
 "전시회장에 내 그림이 걸린 걸 꼭 보여 드리고 싶었는데……"
 마음 여린 스물한 살의 청년은 아이처럼 엉엉 울고 싶었습니다. 그러나 크게 울 수는 없었습니다. 장남으로서 누나들과 동생들을 달래고 실의에 빠진 아버지에게도 힘이 되어 드려야 했습니다.

그 후 수근의 집안 형편은 훨씬 더 나빠졌습니다. 아버지의 사업 실패와 어머니의 병치레로 빚이 잔뜩 쌓여 있었습니다. 빚 독촉에 시달리던 아버지는 결국 마지막으로 남아 있던 재산인 집마저 팔아 버렸습니다.

"수근아, 아버지로서 면목이 없구나. 아버지가 무얼 해서든 다시 일어설 테니 그때까지만 우리 잠시 떨어져 지내자꾸나. 막내 원근이는 경성 누이 집으로 보낼 생각이다. 수근이 너는 네 힘으로 어떻게든 살길을 마련해 보려무나."

그러면서 아버지는 정든 땅 양구를 떠나갔습니다.

당시 수근의 동생 동근은 집에서 몰래 비행기를 만들다가 경찰에게 들켜 형무소에 갇히고 말았습니다. 그저 타고난 호기심으로 만들어 본 것인데 무슨 수상한 음모를 꾸미는 청년으로 오해받아 끌려 갔던 것입니다.

가족들을 떠나보내고 홀로 남은 수근은 춘천으로 거처를 옮겼습니다. 춘천은 강원도에서 가장 번화한 고장이었습니다. 이곳에서 무슨 일이든 해서 먹고살 길을 마련해 볼 생각이었습니다.

춘천 생활, 첫 개인전

 춘천에서 하숙집을 얻었지만 살길은 막막하기만 했습니다. 날품팔이 일을 구해 보려 했으나 이마저도 쉽지 않았습니다. 낯선 곳에서 홀로 지내려니 돌아가신 어머니 생각에 더 외로운 나날이었습니다. 그런 중에도 수근은 틈틈이 그림을 그리며 외로움과 굶주림을 견뎌 나갔습니다.
 하루는 많이 쓰는 먹색 물감이 똑 떨어져 화방을 찾아갔습니다. 화방 주인 김씨는 수근만 오면 반갑게 맞아 주며 외상으로 화구를 팔아 주었습니다.
 "아, 마침 잘 왔네. 오늘은 자네에게 소개해 줄 분이 있다네."
 화방 주인 옆에는 웬 낯선 남자가 수근을 유심히 바라보며 서 있었습니다.
 "강원도청 사회과에 계신 사카치 과장님이네. 인사하게."
 수근은 왜 이런 분을 나에게 소개하는 걸까 의아해 하면서도 공손하게 허리를 굽혔습니다.
 "사카치 과장님께서 자네한테 관심이 꽤 많다네."
 일본인인 사카치와의 만남은 그 궁핍했던 시절 수근의 삶에서 큰 행운이었습니다.
 사카치는 독학으로 조선미술전람회에서 입선까지 한 청년이 궁핍하게 살아가고 있다는 사실을 안타깝게 여겼습니다. 수근과 같은 청년이 꿈을 포기하지 않고 꿋꿋이 나아가는 모습을 보고 싶었습니다.

어느 날 사카치가 수근에게 뜻밖의 제안을 했습니다.

"자네, 전시회 한번 해 보지 않겠나?"

"네? 전시회요? 저 혼자서 말입니까?"

"그래, 장소는 내가 어떻게든 마련해 주겠네."

"그렇지만, 그려 놓은 그림도 많지 않고 돈이 많이 들 텐데……."

"내가 도와줄 테니 자넨 지금부터 그림이나 열심히 그려 놓게."

그렇게 해서 1935년이 저물기 전 박수근의 첫 개인전이 열렸습니다. 관청의 작은 공간을 빌려 화려한 장식도 없이 조촐하게 차린 전시회였습니다. 그러나 수근에게는 감격에 겨운 날이었습니다. 많지는 않았지만 사람들이 자신의 그림을 보러 찾아와 주는 게 믿기지 않을 만큼 기뻤습니다.

마침 교사직을 그만두고 춘천에서 약방을 운영하고 있던 오득영 선생님도 와서 축하해 주었습니다.

"수근 군, 정말 축하하네. 자네는 꼭 해낼 줄 알았어."

"선생님, 무슨 말씀을요. 아직도 갈 길이 멀었습니다."

"허허, 예나 지금이나 겸손하기는……."

첫 개인전을 통해 수근은 처음으로 돈을 받고 그림을 팔았습니다. 그림값으로 그동안 밀린 화방의 외상값이며 하숙비를 갚을 수 있었습니다. 잠시나마 여유를 찾은 수근은 다시금 그림에 대한 의지를 다졌습니다.

1936년 봄, 그토록 기다리던 조선미술전람회 소식이 들려왔습니다. 수근은 아기를 업은 채 절구질하는 여인의 모습을 그리고 '일하는 여인'이라는 제목을 달았습니다. 일찍 떠나 버린 어머니에 대한 그리움으로 이런 그림을 그리게 된 것일까요?

  이 작품 〈일하는 여인〉은 4년 만에 다시 입선의 영광을 안겨 주었습니다. 심사 위원들은 전통적인 여인의 모습을 고즈넉한 분위기에 담아 내어 조선 특유의 정취를 잘 살려 냈다는 평가를 했습니다. 특히 물감에 '백분'을 섞어 뿌옇게 칠함으로써 설화 속 한 페이지 같은 분위기를 연출한 점이 심사 위원들의 호감을 샀습니다. 수근이 사용한 백분이 정확히 무엇인지는 알지 못하지만, 백분이란 석고나 석회 가루처럼 흰색이 묻어나는 가루를 말합니다.

  당시 조선미술전람회에서 중요한 심사 기준은 조선의 향토적인 정취를 얼마나 잘 드러냈느냐는 것이었습니다. 그래서 응모작 중에는 전통적인 농촌 풍경이나 초가집이며 한복 입은 여인네 등을 소재로 한 그림이 많았습니다. 사실 그때는 많은 화가 지망생들이 해외 유학을 경험하면서 그림에서도 서구적인 소재와 형식을 들여와 변화를 꾀하던 시대였습니다. 그렇다 보니 평소에는 근대적인 그림을 그리다가 조선미술전람회만 다가오면 향토적인 그림을 그리는 화가도 있었습니다.

  그러나 수근은 일부러 심사 기준에 맞춰 그린 것이라 볼 수 없습니다. 그는 다만 자신의 곁에 있는 것, 자신이 가장 사랑하는 것을 그렸을 뿐입니다. 그 자신이 발 딛고 살아가는 이 땅의 풍경을 거짓 없이 그렸을 뿐입니다.

두 번째 입선 후 박수근은 1943년까지 해마다 조선미술전람회에 입선했습니다. 〈봄〉, 〈농가의 여인〉, 〈여일(麗日)〉, 〈맷돌질하는 여인〉, 〈모자(母子)〉, 〈실을 뽑는 여인〉 등이 그 작품들입니다. 제목들만 보아도 짐작할 수 있듯이 이 시기에 그가 즐겨 그린 소재는 '일하는 여인'입니다. 아마 한평생 일하다 돌아가신 어머니에 대한 그리움이 일하는 여인들의 삶에 대한 관심으로 이어졌던 게 아닐까요?

3장 재산이라곤 붓과 팔레트뿐이지만

이웃집 처녀를 사랑하다

그날 복순이라는 열일곱 살 처녀는 꽤 장난꾸러기 같았습니다. 숨바꼭질이라도 하는지 살금살금 마당을 가로질러 문틈으로 방을 들여다보고는 별안간 소리를 질렀습니다.

"야! 거기서 뭐 해!"

그러고는 휙 몸을 돌려 마루에서 마당으로 훌쩍 뛰어내렸습니다. 바로 그 순간이었지요. 담 너머에서 복순의 집 마당을 건너다보던 수근과 눈이 마주쳤습니다. 복순은 붉게 달아오른 얼굴로 잠깐 멈춰 서더니 이내 뒤란으로 달아나 버렸습니다. 철없이 장난치던 자신의 모습을 웬 낯선 청년이 지켜보고 있었다는 걸 알고는 부끄러웠던 것이지요.

이때 수근의 나이 스물다섯이었습니다. 이즈음 수근의 아버지는 재혼한 아내와 두 아들 동근, 원근과 함께 강원도 철원군 금성면에서 살고 있었습니다. 수근은 가족들이 있는 금성 집에 들렀다가 그 윗집에 사는 처녀 복순을 보게 된 것입니다.

아버지는 복순이를 며느릿감으로 점찍어 놓은 상태였습니다.

"윗집 처녀만 한 색싯감은 다시없을 거다. 어른들에게 얼마나 깍듯이 대하는지 그 처녀라면 틀림없이 좋은 아내가 되어 줄 거야."

"아버지, 저는 아직 결혼할 생각이 없습니다. 그림 공부를 좀 더 해서 안정된 결혼을 하고 싶습니다."

"흠, 그놈의 그림 공부 더 한다고 네 형편이 나아질 줄 아느냐. 집에서 그림만 그리는 남편 위해 줄 여자는 그 처녀밖에 없을 거다."

수근은 아버지의 성화에 몰래 윗집 처녀를 지켜보았습니다. 아담한 체구에 잔잔한 미소를 머금은 얼굴이 무척이나 상냥해 보였습니다. 말없이 지켜만 보던 수근은 어느덧 복순에게 마음을 빼앗기고 마침내 청혼의 편지를 보내기에 이릅니다.

> 나는 그림 그리는 사람입니다. 재산이라곤 붓과 팔레트밖에 없습니다.
> 당신이 만일 승낙하셔서 나와 결혼해 주신다면 물질적으로는
> 고생이 되겠으나 정신적으로는 당신을 누구보다 행복하게 해 드릴
> 자신이 있습니다. 나는 훌륭한 화가가 되고 당신은 훌륭한 화가의
> 아내가 되어 주시지 않겠습니까?

그러나 그즈음 복순은 춘천의 부잣집 의사 아들과 결혼하기로 약속이 되어 있었습니다. 복순의 집안도 수근네와 비교되지 않을 정도로 부유했습니다. 게다가 복순은 춘천여고를 졸업한 영리하고 예의 바른 처녀였습니다. 복순이를 며느리 삼고 싶어 하는 집안이 한둘이 아니었습니다. 그런 딸을 가난한 집안에 시집보낼 부모는 없었습니다.

복순의 약혼 소식을 들은 수근은 그만 앓아눕고 말았습니다.

'나 같은 가난뱅이 화가에게 그런 처녀가 시집올 리 없지.'

얼마나 심하게 앓았는지 며칠째 물도 못 마시고 얼굴이 새카맣게 변할 정도였습니다. 이런 소식이 윗집에 전해지자 놀랍게도 복순의 아버지가 마

음을 바꾸고 딸에게 말했습니다.

"복순아, 네가 시집간다는 소식에 아랫집 큰아들이 병이 났다는구나. 남의 집 장남을 죽게 내버려둘 수는 없지 않느냐. 이제 아랫집으로 시집갈 생각을 해라."

이때는 집안 어른들이 맺어 주는 대로 결혼을 하던 시절이었습니다.

"그림 그리는 사람은 뒷받침을 잘해 주어야 한다. 곤란한 일이 있거든 언제든 이 애비한테 와서 말하려무나."

아버지는 고생 모르고 자란 외동딸을 가난한 화가에게 시집보내려니 마음이 아팠습니다.

"아버지, 걱정 마세요. 비록 생활은 어렵지만 이웃집은 하느님 믿으며 성실하게 살아가는 집안이래요. 그런 데로 시집가게 돼서 다행이에요."

어릴 적 어머니를 여읜 복순은 부잣집이라고 해서 행복한 게 아니라는 걸 알고 있었습니다. 단순히 부유한 것보다는 가난해도 겸손하고 성실하게 살아가는 사람을 귀하게 여겼습니다. 더욱이 독실한 기독교 신자였기에 이웃집 청년 역시 기독교인이라는 사실이 마음에 들었습니다.

이렇게 해서 가난한 화가 박수근과 영리하고 참한 이웃집 처녀 김복순은 1940년 2월 금성 감리교회에서 결혼식을 올렸습니다.

아내를 모델로 그림을 그리다

　1940년 19회 조선미술전람회가 삼 개월 앞으로 다가왔습니다. 봄날의 달콤한 신혼 생활 속에서 수근은 새로운 마음으로 붓을 들었습니다. 그림 그리는 화가의 앞에는 아내 복순이 맷돌 자루를 쥔 채 앉아 있었습니다.
　"당신 나 때문에 날마다 그렇게 앉아 있느라 고생이구려."
　수근은 맷돌을 돌리는 아내의 모습을 화폭에 담고 있었습니다.
　"아니에요. 내 모습이 어떻게 그려질까 무척 기대되는 걸요."
　아내는 다리가 저린 것도 잊은 채 몇 시간째 같은 자세로 앉아 있었습니다. 그림에 몰두해 있는 남편의 모습을 바라보는 것만으로도 마냥 행복했습니다. 비록 어려운 살림이지만 자상한 남편과 함께한 신혼의 하루하루는 고요하고 평화로웠습니다.
　그러나 행복은 오래가지 않았습니다.
　그 봄날 복순의 친정아버지가 세상을 뜨고 말았습니다. 위암 판정을 받고 입원해서는 치료해 볼 새도 없이 눈을 감아 버렸습니다. 어릴 적 어머니를 여읜 데다 아버지마저 떠나보낸 복순의 슬픔은 더할 수 없이 깊었습니다.
　"여보, 너무 그렇게 슬퍼하면 하늘에 계신 아버님 마음도 아프실 거요. 이제 기운을 내구려."

〈맷돌질하는 여인〉 1940년대
박수근은 결혼한 뒤로 이 그림처럼 아내를 모델로 해서 그리기를 좋아했습니다. 이 그림은 1940년대 후반 작품인데, 결혼한 해인 1940년에도 이와 같은 제목의 그림을 그려 조선미술전람회에 입선했습니다.

날마다 눈물짓는 아내를 보며 수근의 마음은 타들어 가는 듯했습니다. 그런 어느 날 좋은 소식이 전해졌습니다.

"여보, 내가 평안남도 도청 사회과에 취직이 됐소. 춘천에 있을 때 만난 사카치 과장님이 평양으로 전근하면서 자리를 마련해 주었소."

"아, 그래요? 정말 잘됐네요."

"이제 평양으로 가서 새롭게 시작해 봅시다."

그동안 수근은 결혼을 하고도 일정한 수입이 없어 속앓이를 하던 터입니다. 그런데 이제 적은 봉급이나마 다달이 받게 됐으니 정말 다행스러운 일이었습니다.

그런데 수근은 아내를 남겨 두고 홀로 떠나야 했습니다. 아내는 어머니의 말에 따라 당분간 금성 집에 남아 살림을 배워야 했습니다. 결혼한 지 겨우 몇 달 만에 부부는 서로 떨어져 지내게 되었습니다. 두 사람은 거의 매일 편지를 주고받으며 그리움을 달랬습니다.

수근이 평양으로 떠난 지 얼마 지나지 않은 그해 5월, 〈맷돌질하는 여인〉이 19회 조선미술전람회에 입선했습니다. 사랑하는 아내를 그린 그림이 상을 받아서 몹시 기쁘다고 수근은 평양에서 전보를 보내 왔습니다. 복순은 당장이라도 남편이 있는 평양으로 달려가서 축하해 주고 싶었습니다. 그러나 할 수 있는 것이라곤 그리움을 담뿍 담은 편지를 쓰는 것밖에 없었습니다.

박수근 작품에서 가장 중요한 특징이라면, 화강암 표면같이 거친 화면의 질감이라 할 것입니다. 이것은 유화 물감을 겹겹이 덧칠하여 일부러 거

친 느낌을 만들어 낸 것입니다. 박수근은 1940년 〈맷돌질하는 여인〉에서 부분적으로나마 이런 표현 기법을 처음 선보였습니다. 그 후 1940년대 후반에 같은 제목으로 그린 또 다른 작품 〈맷돌질하는 여인〉(56쪽 참조)을 보면 그 질감이 좀 더 뚜렷하고 과감하게 표현되었다는 것을 알 수 있습니다.

박수근의 그림에서 또 하나 특징적인 것은 화면의 색상이 소박하고 어두운 분위기를 띤다는 것입니다. 처음으로 세상에 선보인 〈봄이 오다〉를 비롯하여 살아생전 마지막 작품을 남기기까지 그는 여러 가지 색상의 물감을 쓴 적이 없습니다. 그저 흰색, 황색, 갈색, 흑색 정도만 사용하였습니다.

박수근은 왜 그렇게 어두운 색상으로 거친 질감의 화면을 표현한 것일까요? 그것이 그가 즐겨 그렸던 소재와 관련이 있지 않을까요?

박수근의 소재는 오래되어 낡고 꾸밈없이 소박한 것들입니다. 화폭에 담긴 그 풍경은 고달프지만 인내하며 살아 온 우리 민족 고유의 생활상을 보여줍니다. 그 모습을 가장 잘 표현하기 위하여 그는 그렇게 거칠고 투박한 화면 위에 소박하고 어두운 색상을 풀어 놓았던 게 아닐까요?

평양 생활, 단칸방에 일곱 식구

박수근은 평양에서 하숙 생활을 하며 평일에는 도청으로 출근하고 주말에는 그림을 그렸습니다. 조선미술전람회 입선을 하고 두어 달 지난 어느 날, 휴일을 맞은 그는 모처럼 모란봉에 올랐습니다. 대동강이 내려다보이는 산자락에 앉아 스케치를 하고 있는데 두 청년이 다가와 말을 걸었습니다.

"혹시 박수근 화가가 아니십니까?"

"네, 맞습니다만……."

"아, 이런 데서 만나게 될 줄이야. 이번 조선미술전람회에 입선하셨죠? 저는 황유엽이라고 합니다."

"안녕하십니까? 저는 장리석이라고 합니다."

두 청년은 반가운 얼굴로 박수근에게 악수를 청했습니다.

황유엽과 장리석은 오늘날 서양화가로 잘 알려져 있지만, 이때만 해도 아직 화단에 이름을 올리지 못한 화가 지망생이었습니다. 그들 역시 조선미술전람회에 도전하고 있었지만 아직 한 번도 수상을 하지 못한 터였지요.

이 만남을 계기로 몇몇 동료를 더 모아 '주호회'라는 서양화 동인 모임을 만들었습니다. 주호회는 젊은 나이에 세상을 뜬 그들의 동료 최지원을 기려 그의 호인 '주호(珠壺)'를 따서 지은 이름입니다. 최지원이 판화가였던 만큼 주호회 동인들은 주로 판화를 제작해 당시 평양을 대표하는 미술 단체로 꽤 활발한 활동을 했습니다. 백화점 화랑에서 해마다 전시회를 열었으며, 일본에서 열리는 전시회에 초대를 받아 출품하기도 했습니다. 비록 태평양 전쟁의 여파로 그 모임은 오래가지 못했지만, 박수근이 평양에 있는 동안 동인들은 그에게 다정한 벗이자 든든한 동반자가 되어 주었습니다.

금성에 남아 외롭게 시집살이하던 수근의 아내는 1941년 가을 무렵 평양으로 옮겨 왔습니다. 일 년 반 만에 다시금 신혼 생활이 시작되었습니다. 그러나 힘겨운 결혼 생활은 이제부터가 시작이었습니다. 단칸방에 일곱 식구가 함께해야 했습니다. 직장을 얻어 평양에 와 있던 아내의 친동생 영근과 수근의 막냇동생 원근이 함께한 데다 친척 아이 셋까지 이들 부부에게 맡겨졌습니다.

아내의 하루는 출근하는 식구들의 도시락을 싸는 일로 시작되었습니다.
"도시락 여기 있어요. 잘 다녀오세요."
"당신도 점심 굶지 말고 잘 챙겨 먹구려."
"제 걱정일랑 하지 마세요. 날이 추워서 밥이 얼까 봐 걱정이네요."

그러나 수근의 아내는 점심을 굶기 일쑤였습니다. 남편 봉급 32원에 두 동생도 달마다 봉급을 쪼개어 주었지만 방세를 내고 외상값을 갚고 나면 남는 게 거의 없었습니다. 이제 곧 겨울이 닥칠 텐데 김장할 일도 걱정이었습니다.

아내는 서둘러 설거지며 청소를 한 다음 우물가에 나가 빨래를 하고 돌아왔습니다. 벌써 반나절도 훌쩍 지나갔습니다. 허기가 져서 콩자반을 몇 알 입에 물고 천천히 씹었습니다. 그리고 물 한 대접을 들이켜고 나니 제법 배가 부른 듯했습니다.

오후에는 방에서 뜨개질을 했습니다. 비행기 조종사들이 쓰는 털모자를 떠서 팔아 살림에 보태려는 것이었습니다. 식구들의 저녁상을 차리고 난 뒤에도 밤이 제법 깊도록 아내는 등잔불을 밝히고 털모자를 떴습니다.

"당신을 이렇게 고생시켜서 내가 면목이 없구려. 그만하고 눈 좀 붙이게나."

"네, 당신 먼저 주무세요. 몇 줄만 뜨면 이것도 다 떴어요."

아내는 잠시 후 등잔불을 끄고 자리에 누웠습니다. 한 방에 일곱 식구가 누우니 몸을 뒤척이기도 힘들 정도였습니다.

하루하루가 고달팠지만 수근의 아내는 그림 그리는 남편이 집안일에 신경 쓰지 않도록 늘 세심하게 뒷바라지했습니다. 시집올 때 가져온 옷감을 팔아 화구를 사오기도 하고, 남편이 썼던 붓도 정성스럽게 빨아 널었습니다. 유화 붓이라 석유에 우선 빨고 깨끗이 헹구어 너는 모습을 보고 남편의 동료 화가들이 감탄할 정도였습니다.

"붓을 빠는 모습이 얼마나 정성스럽던지…… 자네 부인처럼 내조하는 화가 부인은 내 지금껏 한 번도 못 봤네."

수근은 그런 아내를 위해 집안일도 돕고 함께 나들이도 가고 싶었습니다. 그러나 일요일에는 꼼짝없이 캔버스 앞에 앉아 있어야 했습니다. 휴일

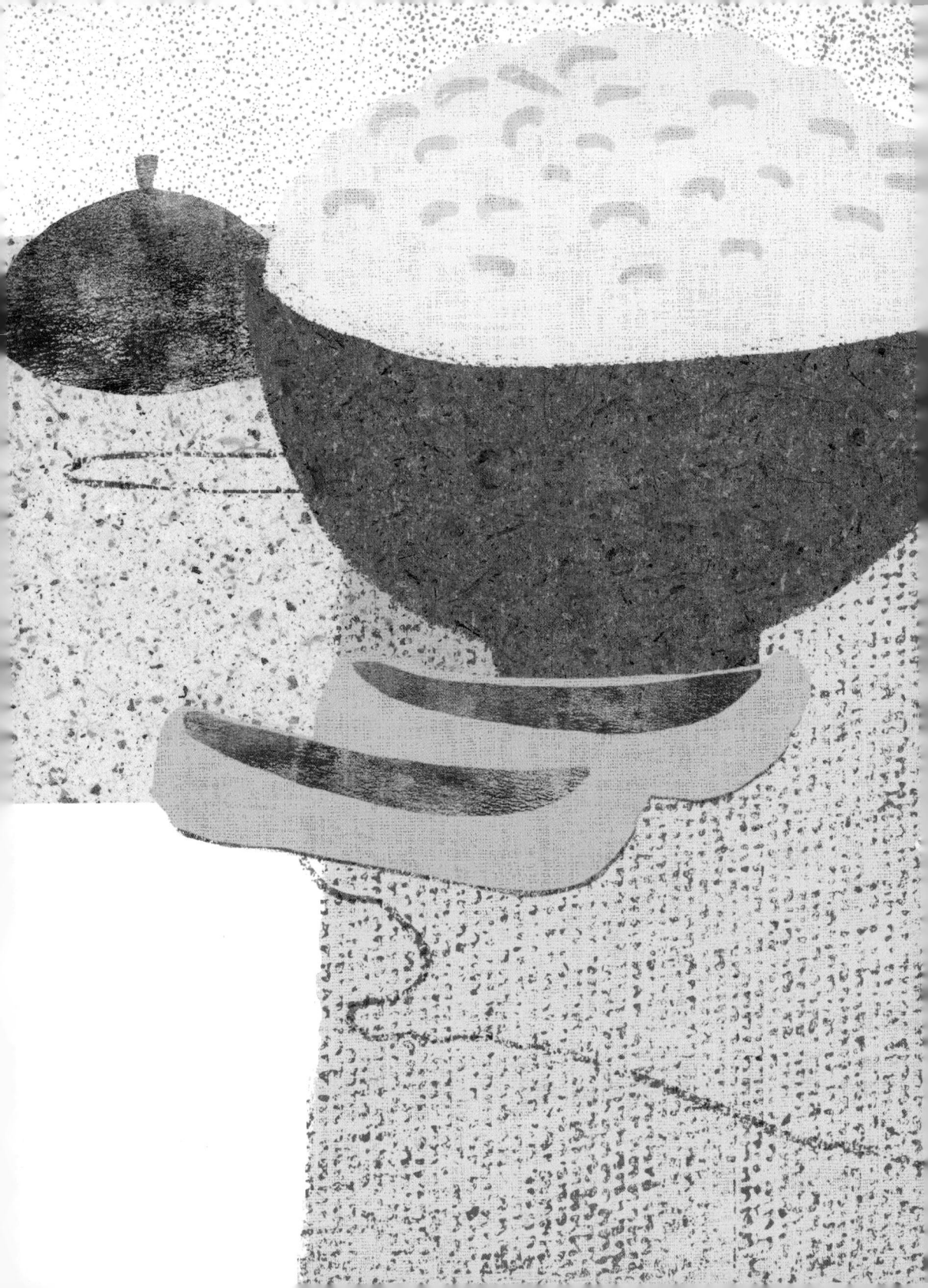

이 아니면 그림에 집중할 시간이 없었기 때문이죠. 더구나 그림의 모델인 아내까지 온종일 한자리에 앉혀 놓아야 하니 아내에게 늘 미안한 마음이었습니다. 다행히 그는 결혼 이후로도 1943년까지 해마다 조선미술전람회 입선을 놓치지 않았습니다.

평양에서 출품한 조선미술전람회 입선작은 〈맷돌질하는 여인〉 〈모자(母子)〉 〈실을 뽑는 여인〉 등으로 모두 아내를 모델로 한 작품입니다. 그러나 이 작품들을 비롯하여 1930, 40년대에 그린 그림들은 오늘날 몇 점밖에 남아 있지 않습니다. 사라진 작품들은 지금 삼팔선 언저리 땅속에 묻혀 있거나 전쟁의 포화에 사그라져 버렸습니다. 피란을 떠나기 전, 곧 돌아와 찾아갈 수 있으리라 생각하고 땅속에 수십 점을 보관해 두었다고 합니다. 그러나 전쟁은 쉬이 끝나지 않았고, 그 땅 위에는 이제 철책이 둘러쳐져 있어 그 흔적을 찾아보기도 어렵게 되었습니다.

4장 전쟁의 폭풍 속에서

금성에서 불안한 나날을 보내다

"부디 몸조심하오."

수근은 아내의 손을 꼭 쥐며 말했습니다.

"제 걱정일랑 마시고 당신도 끼니 잘 챙겨 드시고 몸조심하세요."

아내는 짐짓 태연한 목소리로 말하고 발을 돌렸습니다. 삼 년여의 평양 생활을 정리하고 금성으로 돌아가는 길이었습니다. 그사이 식구가 늘어 아내는 세 살 난 사내아이의 손을 쥐고 아직 걸음마도 못 뗀 아기를 등에 업고 있었습니다. 1942년에 태어난 첫아들 성소와 두 살 터울로 태어난 첫딸 인숙이었습니다.

이때가 1945년 4월로 일제가 일으킨 태평양 전쟁이 막바지로 치닫고 있었습니다. 그 여파로 평양 하늘에 미국군 폭격기가 나타나 폭탄을 떨어뜨리곤 했습니다. 일제는 평양, 경성 등의 주요 도시에 소개령을 내렸습니다. 이에 따라 수근은 아내와 두 아이를 시골로 떠나보내야 했습니다.

그리고 몇 달이 지난 8월 15일, 우리나라는 드디어 일본의 오랜 지배에서 벗어났습니다. 일본이 태평양 전쟁에서 항복을 선언하고 그동안 점령했던 영토를 모두 포기한 것입니다.

"만세! 드디어 해방이다!"

"이제 우리만의 세상이다!"

일본인들이 물러난 거리는 만세의 물결로 가득했습니다.

그런데 그 누가 분단이라는 걸 상상이나 했을까요.

그 8월도 다 가기 전에 소련군이 평양에 입성했습니다. 곧이어 약속이라도 된 듯 38도선 이남에는 미국군이 들어와 점령했습니다. 각 점령국은 자국의 체제에 따라 북한은 공산주의, 남한은 자본주의 정책으로 이끌어 갔습니다.

그사이 수근은 평양의 도청 일을 그만두고 금성에 내려와 가족과 함께 살고 있었습니다. 다행히 금성에는 그를 기다리고 있었다는 듯 금성중학교에 미술 교사 자리가 있었습니다.

금성은 공교롭게도 38도선 이북으로 공산주의 세력권에 속했습니다. 금성에서 지내는 동안 수근은 정치보위부의 요시찰 대상으로 찍혀 늘 감시를 받았습니다. 그는 공산주의 사상에 반하는 기독교인에다 사람들을 부추겨 모반을 꾀할 가능성이 있는 지식인이었으며, 또 소련의 신탁 통치를 반대했던 민주당 당원이었기 때문입니다.

박수근이 정당에 속하게 된 것은 그의 결혼 주례였던 한사연 목사의 권유에 의한 것이었습니다. 평소 그들 부부의 생활을 살뜰히 챙겨 주었던 한 목사는 당시 이 지역 민주당 당수를 지내고 있었습니다. 그래서 박수근뿐만 아니라 그의 아내와 한 목사를 따르는 다른 기독교인들까지 모두 감시 대상이 되었습니다.

박수근은 아무 이유도 없이 정치보위부에 끌려가 취조를 당하기 일쑤였습니다. 그런 중에도 틈날 때마다 십리장림(十里長林)이라는 숲길을 거닐며 풍경 스케치에 열심이었습니다. 교사이며 당원이기 이전에 그는 누가 뭐래도 화가였던 것입니다.

1947년, 그 불안한 나날의 어느 날 서른세 살의 박수근은 둘째 아들 성남을 얻었습니다. 그 다음 해 여섯 살짜리 큰아들 성소가 뇌염에 걸려 죽고, 또 다음 해에는 죽은 성소를 대신하듯 아들 성인이 태어났습니다.

그리고 1950년 봄, 따사로운 볕이 앞마당에 가득한 날이었습니다. 수근의 아내는 마루에 앉아 어린 아들 성인을 안고 젖을 먹이고 있었습니다. 갑자기 아이가 울음을 터뜨렸습니다.

"으아아앙……"

지진이라도 일 듯 마룻바닥이 떨리기 시작했습니다. 알 수 없는 굉음이 멀리서 다가오고 있었습니다.

아내는 자지러지게 울어 대는 아이를 꼬옥 껴안았습니다.

그때 딸 인숙이 동네 아낙의 손에 이끌려 마당으로 들어섰습니다.

"엄마, 탱크예요, 탱크!"

"세상에, 대체 이게 무슨 일이래요."

아낙이 겁에 질린 목소리로 말했습니다.

그제야 수근의 아내는 고개를 빼고 마당 너머 큰길을 내다보았습니다. 뿌연 먼지 사이로 탱크 행렬이 수없이 지나가고 있었습니다.

홀로 남쪽으로 떠나가다

1950년 여름, 삼팔선을 넘어온 북한군이 총공격을 시작했습니다. 사흘 만에 서울이 북한군에 점령당하자 남한은 미국에 도움을 청해 반격에 나섰습니다. 그 봄날 수근의 집 앞을 지나가던 탱크 행렬은 바로 이 끔찍한 전쟁을 예고하는 것이었습니다.

사람들은 폭격을 피해 피란길에 나섰습니다. 박수근의 가족도 마찬가지였습니다. 더욱이 박수근처럼 북한 당국의 감시를 받았던 사람들은 '반동분자'로 몰려 숙청을 당하고 있었습니다. 그의 가족은 가까운 산촌에 있는 기독교인의 집을 찾아가 몸을 맡겼습니다. 그래도 불안하여 수근은 밤에만 이 집에서 잠을 자고 낮에는 근처에 있는 방공호에 숨어들었습니다. 사람 한둘이 숨어 지낼 수 있도록 땅을 파서 만든 공간이었습니다.

그날도 수근은 어두운 밤을 타 가족이 있는 집으로 돌아와 몸을 뉘었습니다. 그런데 얼마 후 문짝을 부수기라도 할 듯 험악하게 방문을 두드리는 소리가 났습니다.

"문 열라우! 다 알고 왔으니."

"누, 누구세요?"

화들짝 일어난 수근의 아내가 당황한 목소리로 물었습니다. 물으면서 남편에게 눈짓을 보냈습니다. 뒷문으로 얼른 도망치라는 뜻이었습니다.
"누구긴 누구겠나! 당장 문 열라우!"
"잠깐만요. 옷을 좀 입고 열게요."
아내 복순은 남편이 빠져나간 쪽문을 닫은 다음 방문을 열었습니다. 열자마자 다발총을 멘 남자 둘이 신발도 벗지 않고 방으로 들어왔습니다.
"당신 남편 어디로 빼돌렸나?"
"남편은 원산으로 갔어요. 저하고 아이들만 여기 있고요."
"거짓말 말라우. 어디다 숨겼나? 말하지 않으면 네 목숨이 날아갈 줄 알라우."
남자는 당장이라도 방아쇠를 당길 듯 복순의 가슴으로 총부리를 갖다 댔습니다. 가슴이 철렁 내려앉았지만 그녀는 꿋꿋이 입을 다물었습니다. 결국 그녀는 내무서까지 끌려가 이틀 동안 고문을 받았습니다. 그녀의 곁에는 끌려올 때 품에 안고 온 아들 성인이 있었습니다. 엄마가 괴로움으로 신음을 뱉어 낼 때마다 어린 아들도 함께 울음을 터뜨렸습니다. 그렇지만 복순은 끝끝내 고문을 견뎌 내고 남편의 목숨을 지켜 냈습니다.
가을이 되자 북한군은 북쪽으로 밀려나고, 그들을 쫓는 국군이 금성으로 들어섰습니다. 박수근 부부는 태극기와 '국군 환영'이라는 포스터를 들고 환영 대열에 나섰습니다. 그러나 아직 마음을 놓을 때가 아니었습니다.
"북한군이 다시 나타났어요!
어디엔가 숨어 있던 북한군 패잔병이 나타나 금성을 포위했다는 것입니다.

사람들은 다시 피란 짐을 싸기 시작했습니다. 수근의 가족은 이제 남쪽 땅으로 떠나기로 하고 길을 나섰습니다. 어린 성인을 등에 업고 여섯 살, 세 살 난 두 아이의 손을 잡고 이동하려니 걸음은 더디기만 했습니다.

찔레 덤불이 무성한 들판을 걷고 있을 때였습니다. 세 살 난 아들 성남이 넘어져 울음을 터뜨렸습니다. 아내가 얼른 성남을 일으켜 세웠습니다. 아이 얼굴에 자잘한 생채기가 나고 피가 흐르고 있었습니다.

"어머, 찔레 가시에 긁혔나 봐요."

아내는 옷소매로 성남의 얼굴을 닦아 주었습니다.

"괜찮아, 성남아. 피는 곧 멎을 거야. 자, 이제 또 힘을 내고 걸어가자."

"아아앙, 업어 줘, 업어 줘."

지금껏 몇 번이나 넘어지고도 금세 일어났던 성남이 이제는 지쳤는지 칭얼거리기 시작했습니다. 그러나 수근은 피란 짐을 지고 있고, 아내는 아기를 업고 있었습니다.

"여보, 안 되겠어요. 이렇게 가다간 틀림없이 잡히고 말 거예요. 당신 먼저 어서 뛰어가세요."

"아니, 그게 무슨 소리요. 당신과 아이들을 두고 어떻게 나만 살자고 혼자 가겠소."

"아이들과 저는 잡혀 봐야 별일 없을 거예요. 하지만 당신은 지금 쫓기는 몸이잖아요."

"그래도 어떻게……."

"어서요. 저는 아이들하고 나중에라도 천천히 갈게요. 당신 먼저 남쪽으로 가서 기다리세요."

아내는 간절한 눈빛으로 남편을 바라보았습니다.

어쩔 수 없이 수근은 아내와 아이들을 뒤로하고 홀로 남쪽으로 내려갔습니다.

세 아이와 함께 남겨진 아내 복순은 결국 남쪽으로 가지 못하고 북한군에 붙잡혔습니다. 내무서에 끌려가 또다시 고문을 받았습니다.

"당신 남편, 국군의 앞잡이지? 국군 환영이라고 쓴 포스터를 그렸지? 그 반동분자 새끼 지금 어디 있나?"

"모르겠어요. 저도 남편이 어디 있는지 알고 싶네요."

수근의 아내는 어떤 회유와 협박에도 모른다는 대답으로 버텨 냈습니다. 며칠간이나 이어진 고문으로 정신이 흐릿해진 가운데서도 결코 입을 열지 않았습니다.

마침내 풀려나와 금성 집으로 돌아왔을 때 그녀의 몸은 몹시 쇠약해져 있었습니다. 그 몸으로 나물을 뜯어다 멀건 죽을 쑤어 세 아이를 먹였습니다. 그 후 아직 두 돌도 안 된 성인이 굶주림과 공포로 병이 들었는지 시름시름 앓다가 그만 세상을 뜨고 말았습니다.

헤어진 가족을 그리며

　홀로 남쪽으로 내려온 박수근은 전라북도 군산 부두에서 등짐을 지고 나르는 노동자 생활을 했습니다. 헤어진 가족에 대한 그리움은 나날이 그의 마음을 옥죄었습니다.
　'아내와 아이들은 남쪽으로 건너왔을까? 살아 있기는 할까?'
　그는 밥을 먹다가도 울컥하여 몰래 눈물을 닦아 냈습니다. 열 살쯤 난 소녀를 보면 딸 인숙이 떠오르고, 어린아이 손을 잡고 걸어가는 부인을 보면 아내가 떠올랐습니다. 쉬는 시간에는 품속에서 구겨진 종이를 꺼내 아내와 아이들의 모습을 그리기도 했습니다.
　하루는 길을 걷는데 저 앞으로 일을 마치고 돌아가는 여인들의 뒷모습이 보였습니다. 그 가운데 한 사람, 아내와 꼭 닮은 여인이 있었습니다. 시야에서 사라져 가는 그 여인을 쫓아 그는 휘적휘적 걸음을 옮겼습니다.
　한참이나 그 뒷모습을 쫓아가던 그가 갑자기 우뚝 멈추어 섰습니다.
　"아, 내가 왜 이러지? 내가 왜 저 부인을 따라가고 있지?"
　그는 그대로 주저앉아 아이처럼 엉엉 울어 버렸습니다.
　이즈음 남한과 북한은 유엔군과 중공군의 지원 아래 서로 밀고 밀리는 싸움을 계속하고 있었습니다.

〈노상〉 1950년대
하루 일을 마치고 귀가하는 여인들에 대한 화가의 따듯한 시선이 느껴집니다.
박수근은 이처럼 노상(길 위)에 있는 사람들의 풍경을 즐겨 그렸습니다.

"전쟁이 끝나기만을 마냥 기다리고 있어선 안 되겠어. 서울에 있는 처남이라도 찾아가 봐야지."

그 당시 아내의 친동생 영근이 전쟁이 나기 전부터 월남하여 서울 창신동에서 결혼해 살고 있었습니다. 처남 영근의 집에 가면 아내에 대한 무슨 소식이라도 들을 수 있을지 모릅니다.

처남을 찾아 서울로 올라간 것은 1952년 가을이었습니다. 처남의 집에는 그의 이복동생 영일과 춘근도 함께 살고 있었습니다.

"형님, 잘 오셨어요. 누님이 저희 집을 알고 있으니 월남을 했다면 분명 이곳을 찾아올 겁니다."

처남은 몇 년 만에 만난 매형을 반갑게 맞아 주었습니다.

수근은 처남의 집에 머물며 날마다 라디오에 귀를 기울이고 신문을 들여다보았습니다. 휴전 회담이 진행되고 있다는 소식을 들을 때마다 가슴이 철렁 내려앉았습니다.

'아내가 아직 북녘 땅에 있다면 앞으로 영영 만나지 못하는 건 아닐까? 그렇게 된다면……'

언제부턴가 그는 밤마다 악몽을 꾸며 신음했습니다. 낮에는 얼이 나간 듯 멍하니 하늘만 쳐다보며 서 있기도 했습니다. 금성에서는 비록 감시받는 생활이었지만 얼마나 행복했던가. 손을 뻗으면 아내의 얼굴을 어루만질 수 있고 아이들의 웃음소리가 귀를 간질였던, 그 몇 년 전의 기억이 꿈속의 일인 듯 아득하기만 했습니다.

그러던 어느 하루, 밖에서 웬 수선거리는 소리가 들렸습니다. 건넌방에 있다가 문을 열고 나오던 수근은 그대로 몸이 굳고 말았습니다.

대문을 열고 마당으로 들어서던 그의 아내도 그 자리에 우뚝 멈춰 섰습니다.

말도 없이, 눈물도 없이 얼마나 그렇게 서 있었을까.

방으로 들어가 마주 앉고 나서야 두 사람은 말문을 열었습니다.

"미안하구려. 내가 당신과 아이들을 지켜 줬어야 했는데…… 그런데 우리 아이들은……."

수근은 떨리는 목소리로 물었습니다. 아내의 입에서 어떤 대답이 나올까 가슴을 졸였습니다.

"애들은 지금 원근이 서방님하고 동서가 데리고 안양 피란민 수용소에 있어요. 근데 성인이가 그만…… 제가 잘 돌보지 못한 바람에……."

아내는 아이가 죽었다는 이야기를 전하며 울음을 터뜨렸습니다.

"어떻게 그게 당신 때문이겠소. 다 내 탓이지, 내 탓……."

수근도 아내 앞에서 끝내 눈물을 흘렸습니다.

한참을 울고 난 아내가 남편을 남쪽으로 먼저 보내고 나서 있었던 일을 조근조근 들려주었습니다. 고문을 받고 나와 금성 집에서 북한 당국의 감시를 받으며 지내던 그녀는 우연히 시동생인 원근 부부의 소식을 들었습니다. 그들을 찾아가 함께 숨어 지내며 월남할 기회를 노렸습니다. 월남을 시도하다가 중공군에게 잡혀 죽을 고비를 넘기기도 했습니다.

아내의 이야기를 듣고 난 수근은 눈물을 닦으며 말했습니다.

"여보, 우리 이제 다시는 헤어지지 맙시다. 내가 무슨 일을 해서라도 돈을 벌어 올 테니 우리 가족 다 같이 앞으로 행복하게 살아 봅시다."

수근은 이제 어떤 어려움도 헤쳐 나갈 수 있을 듯 힘이 솟는 것을 느꼈습니다.

5장 창신동 마루 화실에서

우물가를 바라보며

꿈에 그리던 가족을 만난 후 박수근은 가족의 보금자리를 위해 돈을 버는 일에 나섰습니다. 처음에는 엽서 그림 같은 작은 그림들을 그려 화방을 통해 팔았습니다. 몇 달쯤 지나 피엑스에서 한국인이 운영하는 초상화 작업실에 취직을 했습니다. 화가들 몇몇이 작업실에 앉아 미군들이 의뢰하는 초상화를 그리는 일이었습니다. 미군들은 고향에 두고 온 그리운 어머니나 여자 친구의 사진을 갖고 와 초상화 작업을 맡기곤 했습니다.

오늘도 수근은 아침부터 해 질 녘까지 초상화를 그리다 퇴근을 했습니다. 그의 나이도 어느덧 마흔을 코앞에 둔 1953년이었습니다. 요즘 그는 자신이 그리고 싶은 그림을 마음껏 그리지 못해 마음이 조급합니다. 퇴근하고 집에 돌아가면 피곤하여 붓을 잡기가 힘들었습니다. 남의 집 단칸방에서 네 식구가 지내다 보니 화구를 펼쳐 놓기도 불편했습니다. 일요일에는 그나마 몇 시간이고 집중하여 그려 보지만 그림 작업은 더디기만 했습니다.

수근은 무거운 발걸음을 이끌고 집으로 향했습니다.

퇴근길이면 늘 지나가는 골목 어귀에 이르렀을 때 갑자기 아이 울음소리가 들렸습니다. 우물가에서 들려온 소리였습니다.

"아유, 배가 고픈가 봐. 순이야, 아기 이리 좀 줘 봐."

우물가에서 빨래를 하던 젊은 아낙이 소녀가 업고 있던 아기를 안고는 자신의 저고리 고름을 풀었습니다. 아낙의 젖을 문 아기는 곧 울음을 그쳤습니다.

"배가 많이 고팠나 보네. 쯧쯧, 순이 어머닌 이 어린것을 두고……."

우물물을 긷던 다른 아낙이 말했습니다.

아마도 순이라는 소녀는 전쟁 중에 어머니를 잃었나 봅니다. 소녀 역시 아직 어머니의 보살핌을 받아야 할 어린애였지만 어쩔 수 없이 동생을 업고 다니는 것이었습니다.

여인들을 바라보던 수근의 눈에 문득 우물 저편의 풍경이 들어왔습니다. 전쟁 중 폭격을 맞아 주저앉은 토담집이 오늘따라 유난히 흉물스럽게 보였습니다. 그는 문득 어릴 적 뛰어다니던 고향 마을의 한 풍경이 떠올랐습니다.

'내 고향 땅에도 우물 저편으로 커다란 토담집이 자리해 있었지. 햇살 가득한 그 집 앞에는 우물을 찾아 모여든 아낙들의 말소리가 끊이지 않았지. 그 한 녘에는 닭들이 한가로이 거닐고 있었고……."

어느덧 그의 눈앞으로 폭격 맞은 집은 희미해지고 성채처럼 웅장한 토담집이 솟아올랐습니다. 폭격의 파편이 흩어져 있던 길바닥은 포근한 흙바닥으로 바뀌었습니다. 그 한 녘 우물가에서 젊은 아낙은 젖을 먹인 아기를 순이의 등에 업혀 주고, 또 다른 아낙은 순이의 물동이에 물을 길어 주었습니다.

〈우물가(집)〉 1953년
1953년 제2회 대한민국미술전람회 특선작

    수근은 갑자기 그림을 그리고 싶은 마음이 솟구쳤습니다. 가방에서 종잇조각을 꺼내 머릿속에 떠오른 풍경을 작게나마 스케치해 보았습니다. 그 그림은 나중에 캔버스에 옮겨 그려 '우물가(집)'라는 제목을 붙여 주었습니다.

특선 작가로 이름을 알리다

　전쟁의 폭풍이 잦아들고 남과 북이 휴전 협정을 맺은 1953년 여름, 박수근은 드디어 서울 창신동에 조그마한 집을 한 채 마련했습니다. 그가 초상화 작업으로 받아 온 봉급을 아내가 알뜰히 모은 덕분이었습니다. 디귿 자 집에 한쪽 방에는 수근의 네 식구가 살고 건넌방은 동생인 원근 부부에게 내주었습니다. 그리고 그 사이에 깔린 마루는 화실로 사용했습니다. 비록 혼자만의 공간은 아니었지만 이제 그는 마음껏 화구를 펼쳐 놓고 그림을 그릴 수 있게 되었습니다.
　"외출했다가 돌아올 때마다 우리 집 용마루만 봐도 얼마나 사랑스러운지 모르겠소."
　"뭐가 그리 사랑스러운데요?"
　"먼발치에서 우리 집을 바라보면서 저 집에 죽었다 살아 돌아온 처자식과 동생이 있다고 생각하면 그렇게 기쁠 수가 없단 말이오."
　1953년은 박수근의 삶에서 손꼽힐 만한 경사스러운 해입니다. 가족들의 안락한 보금자리를 마련했고, 여기에서 아들 성민을 얻었습니다. 그리고 이 집 마루에서 완성한 〈우물가(집)〉와 〈노상에서〉가 제2회 대한민국미술전람회에서 각각 특선과 입선으로 뽑혔습니다.

대한민국미술전람회는 일제의 지배에서 벗어난 우리나라가 1949년에 창설한 미술 공모전입니다. 전쟁으로 한동안 중단됐다가 1953년이 되어서야 2회째를 맞이한 것이지요. 일제 강점기에 있었던 조선미술전람회 이상으로 대한민국미술전람회는 우리나라 미술계에서 가장 큰 힘을 지니고 있었습니다.

특선 작가 박수근은 자못 자신감에 찼습니다.

사실 대한민국미술전람회에 작품을 내고 결과 발표일을 기다리는 동안에는 조선미술전람회에 처음 출품했을 때만큼이나 조마조마했습니다. 결과에 대한 기대감도 컸지만, 기대와는 전혀 다른 평가가 나올까 봐 불안하기도 했습니다. 〈우물가(집)〉와 〈노상에서〉는 거의 십 년 동안 미술계에서 멀어져 있던 그가 처음으로 세상에 내놓은 작품이었기 때문이지요. 그런데 바로 〈우물가(집)〉가 특선의 영광을 안겨 준 것입니다. 조선미술전람회에서는 내내 입선에 머물렀던 박수근이 처음으로 특선 작가라는 이름을 얻은 것입니다.

의지에 찬 그는 직장 생활을 하는 틈틈이 더욱 그림에 매진했습니다.

다음 해 1954년, 박수근은 국립박물관에서 개최하는 한국현대회화 특별전에 초대되어 작품을 선보였습니다. 한국 근대 미술의 50년 역사를 정리하는 뜻에서 마련한 특별한 전시회였지요. 여기에 선정된 화가는 모두 스물여덟 명으로 김환기, 도상봉, 한묵 등 신인에서 원로까지 다양했습니다. 대부분 동경미술학교, 일본문화학원 같은 예술대 출신으로, 작품 활동을 하는 사이 서로 선후배 사이가 된 화가들이었습니다.

박수근이 이들 스물여덟 명 가운데 한 사람으로 뽑혔다는 것은 매우 특별한 일이었습니다. 많은 미술가들의 관심이 그에게 집중되었습니다.

"박수근 씨가 보통학교 졸업 학력에 독학으로 그림 공부를 했다면서요?"

"아, 어쩐지 유난히 독창적이더군요. 남에게 배우다 보면 남의 것을 흉내 내기 쉬운데 박수근 씨는 혼자서 그림을 터득했으니 그렇게 개성적일 수밖에……."

"일본이나 유럽 화풍에 물든 요즘 작가들하고는 분명 달라 보여요."

"네, 예술이야말로 우리 것을 지키는 게 중요한데 그런 점에서 정말 눈여겨볼 작가임에 틀림없어요."

우리나라는 무려 35년간이나 일제의 지배를 받았고, 해방되기가 무섭게 전쟁이 일어나 미국의 원조를 받아야 했습니다. 그러는 동안 알게 모르게 우리 고유의 특성을 잃어버리고 외국의 화풍에 젖어 들었습니다. 그런 작품들 속에서 박수근의 그림은 한국인의 정서를 깊이 품고 있으면서도 현대적인 감각을 잃지 않은 매우 독창적인 그림으로 비쳐졌습니다.

1954년 여름에는 대한미술협회에서 주최한 6·25전쟁 4주년 기념 미술전에서 〈산〉과 〈길가에서〉가 입선으로 뽑혔습니다. 대한미술협회는 이 당시 우리나라에서 손꼽히는 미술 단체로 회원 등록 자격도 까다로웠습니다. 박수근은 학력이 낮아 회원이 되지는 못했지만, 다행히 비회원 공모전도 있어서 출품할 수 있었습니다.

〈길가에서〉 1954년
1954년 대한미술협회 입선작. 일 나간 엄마를 대신해 소녀들은 어려서부터 동생을 돌보아야 했습니다.

분주한 나날 가운데 여름이 가고 또다시 대한민국미술전람회의 계절이 다가왔습니다.

시간을 쪼개어 가며 그림을 그렸지만 그림은 더디기만 했습니다.

"그림을 그려야 하는데, 그림을 그려야 하는데……."

박수근은 언젠가부터 버릇처럼 이렇게 중얼거렸습니다. 피엑스에서 초상화를 그리면서도 얼른 집으로 돌아가 지난밤에 그리다 만 그림을 그리고 싶었습니다. 그러던 그는 용기를 내어 아내에게 솔직히 털어놓았습니다.

"여보, 내가 그림을 그리고 싶은데 도무지 더디기만 해서 말이지…… 그래서 피엑스 일을……."

"아, 사실 저도 당신이 쉬지도 못하고 밤늦게까지 그림 그리는 모습 보며 마음이 아팠어요. 당신 뜻대로 하셨으면 좋겠어요."

"당신을 또 고생시키게 될까 봐 그게 가장 걱정이구려."

"아니에요. 피엑스 일이 당신 그림 작업에 방해가 된다면 과감히 그만두세요. 저는 당신이 그림에 집중하고 있는 모습이 가장 멋져 보여요."

"정말 고맙구려, 여보. 당신 고생 안 시키도록 내 열심히 그려 보겠소."

박수근은 피엑스 일을 그만두고 하루 종일 집에서 그림을 그리기 시작했습니다. 아침에 일어나면 어김없이 마루를 닦고 앉아 붓을 들었습니다. 점심시간을 빼고는 오후 네다섯 시까지 꼼짝 없이 캔버스 앞에 앉아 있었습니다. 그의 머릿속에는 그리고 싶은 그림이 너무나 많았습니다.

수근을 보며 수군대는 아낙들

박수근은 오늘도 캔버스 앞에 앉았습니다. 이젤은 그에게 사치품이며 딱히 필요하지도 않았습니다. 그저 캔버스를 벽에 기대 놓고 그 앞에 방석을 깔고 앉으면 그만이었습니다. 붓을 들고 구부정히 앉아 있는 그의 뒷모습은 흡사 커다란 바위와도 같았습니다.

그는 서너 점의 그림을 동시에 그려 나갔습니다. 유화 물감을 여러 겹 덧칠하여 그리느라 마르는 시간이 오래 걸렸기 때문입니다. 마르는 시간을 기다리며 다른 캔버스에 덧칠을 하고, 이 덧칠을 끝내고 나면 또 다른 캔버스에 그림을 그렸습니다. 그래서 마루 안쪽 벽에는 이제 막 바탕칠을 끝낸 그림이며 한창 덧칠하기 중인 그림, 그리고 완성한 그림들까지 줄줄이 세워져 있었습니다.

박수근이 하루 종일 마루에서 그림만 그리고 있으니 동네 사람들은 의아하게 여겼습니다. 마루가 옛날 초가집 앞마루처럼 가로로 길게 깔린 채 훤히 열려 있어서 대문으로 들여다보면 그림 그리는 그의 모습을 볼 수 있었습니다.

"무슨 남자가 온종일 집에 들어앉아서 그림만 그리고 있지?"
"그러게, 그림이 무슨 소용 있다고 누가 돈 주고 저런 걸 사겠어?"

"어여쁜 아가씨나 꽃 그림이라면 모를까? 저런 우중충한 그림을 누가 좋아해?"

동네 아낙들은 수근이 듣거나 말거나 활짝 열린 대문을 기웃거리며 수군거리다 가곤 했습니다. 이 시절 사람들에게는 밥을 굶지 않고 살아가는 일이 가장 큰 삶의 과제였습니다. 그런데 수근은 집까지 장만하게 해 준 피엑스 일을 그만두고 온종일 마루에 앉아 있었으니 아낙들에게는 우스워 보였을 것입니다.

그러나 수근은 아낙들의 수군거림에 부끄러워하거나 노여워하지 않았습니다. 지나가던 봇짐장수가 들어와 다리쉼이라도 청하면 방석을 내주며 선한 웃음을 보여 주었습니다.

하루는 여느 때와 같이 캔버스를 마주하고 앉아 있는데 뒤에서 웬 소리가 들렸습니다.

"수근 수근 수근 수근 수근……."

고개를 돌려 보니 가끔씩 수근의 마루에 엉덩이를 걸쳤다 가는 기름 장수였습니다. 수근은 기름 파는 이 아낙이 웬 소리를 중얼거리나 의아하여 그녀의 얼굴만 빤히 바라보았습니다. 마당에서 한가로이 볕을 쬐고 있던 수근의 아이 인숙과 성남도 기름 장수를 바라보았습니다.

"요기도 수근, 조기도 수근, 저기도 수근, 요기도, 저기도, 수근수근수근수근수근……."

기름 장수가 검지로 수근의 그림을 하나하나 가리키며 말했습니다. 수근

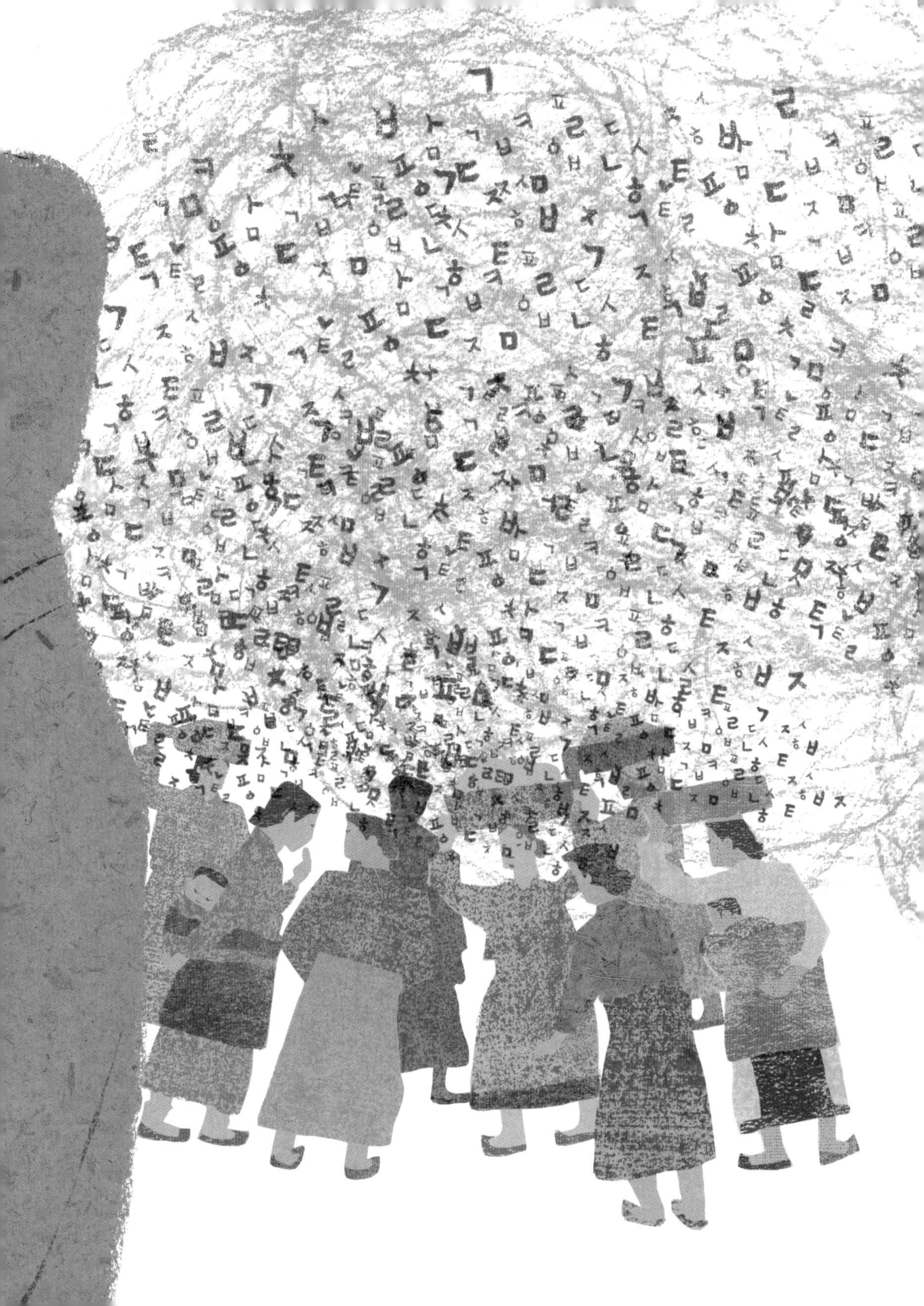

〈기름장수〉 1953년
박수근은 자신의 마루 화실에서 다리쉼을 하고 가는 봇짐장수들의 모습을 그리기도 했습니다.

의 그림들 한쪽 구석에 '수근'이라고 적힌 글자를 가리키는 것이었지요.

 기름 장수는 올 때마다 그렇게 장난스럽게 말을 걸었습니다. 오늘도 이 아낙은 장난기 가득 머금은 얼굴로 마루에 걸터앉았습니다.

 "대체 요 아짐한테는 언제 눈 코 입을 그려 줄라고 그려어?"

 그림 속 절구질하는 여인을 가리키며 하는 말이었습니다.

 "허허허."

 수근은 그저 나지막이 웃어 보일 뿐이었습니다.

 그때 딸 인숙이 발을 쿵쿵거리며 마루로 올라서더니 방으로 들어가 문을 쾅 닫았습니다. 수근이 마당에 남은 아들 성남을 바라보니 녀석도 역시 뾰로통한 얼굴로 고개를 푹 수그리고 있었습니다. 수근은 씁쓸하게 웃음을 거두었습니다. 동네 사람들이 아버지의 등 뒤에서 수군거린다는 걸 아이들도 알고 있는가 봅니다.

 아이들에게만큼은 그도 힘세고 믿음직한 아버지이고 싶었습니다. 그런데 그림 그리는 일로는 그런 아버지의 모습을 보여 주기가 쉽지 않았습니다.

 어떻게 해야 아이들에게 아버지를 이해시킬 수 있을까? 대체 얼마나 더 열심히 그림을 그려야 할까?

 잠시 근심에 잠겼던 박수근은 다시금 힘 있게 붓을 쥐었습니다. 코앞에 닥친 대한민국미술전람회에서 또다시 특선을 하고 말리라 다짐했습니다.

덧칠하고 또 덧칠하다

1954년 11월, 박수근은 기대에 찬 마음으로 제3회 대한민국미술전람회에 〈풍경〉과 〈절구〉를 내놓았습니다. 그러나 두 작품 모두 입선에 그쳤습니다. 두 작품은 지금 사진으로도 찾아볼 수 없지만, 1954년에 그린 〈절구질하는 여인〉이 바로 〈절구〉라는 의견도 있습니다. 이 작품들 외에 이 무렵에 그린 그림으로는 〈우물가(집)〉, 〈빨래터〉 등이 있습니다.

〈우물가(집)〉는 1953년에도 그렸지만 다음 해인 1954년에도 그렸습니다. '절구질하는 여인'의 모습은 1936, 1938, 1952년에도 그렸지만 1954년에 또 다시 그렸습니다. 박수근은 재료나 기법을 달리해서 하나의 소재를 반복하여 그리는 습관이 있었습니다. 그래서 그의 그림들을 보면 〈우물가(집)〉나 〈절구질하는 여인〉 외에도 같은 제목이나 같은 소재에 비슷한 구도의 작품들을 흔히 발견할 수 있습니다.

그렇게 똑같은 소재의 그림을 거듭해서 그리는 동안 박수근은 그 누구도 흉내 내기 힘든 독창적인 그림 기법을 완성해 갔습니다. 대표적으로 1954년작 〈절구질하는 여인〉를 보십시오. 자잘한 구멍이 숭숭 뚫린 화강석 표면과도 같은 질감을 확인할 수 있습니다. 가만히 들여다보면 일에 지친 아낙의 한숨이 느껴지는가 하면, 가족을 위해서라면 언제까지고 절구

〈절구질하는 여인〉 1954년
이 작품이 제3회 대한민국미술전람회 입선작이라고 전해지기도 합니다.

《빨래터》 1950년
빨래터는 박수근이 결혼 전 빨래하는 아내의 모습을 훔쳐보던 정겨운 공간이기도 합니다.

질을 멈추지 않을 듯 견고한 힘이 느껴지기도 합니다.

이러한 효과를 이끌어 내기 위해 박수근은 얼마나 오랫동안 캔버스 앞에 앉아 있었을까요?

그는 흰색, 황색, 갈색, 흑색 정도만 사용하여 물감을 한 겹 칠한 다음 마르기를 기다리고, 또 한 겹 칠한 다음 마르기를 기다리고, 또다시 한 겹을 칠해 나갔습니다. 이런 작업을 거듭하여 여덟에서 열 층 정도로 두터운 바탕을 쌓아 올렸습니다. 이미지를 그려 넣기 위한 자기만의 특별한 바탕 화면을 만들어 놓는 것이지요. 마치 씨를 뿌리기 전에 쟁기를 끌고 메마른 땅을 일구는 농부와도 같이 말입니다.

그렇게 만든 바탕은 갓 일궈 놓은 밭처럼 거칠고 울퉁불퉁했습니다. 그 바탕 위를 붓과 그림칼로 수없이 문질러 다져 가며 일하는 여인이며 집이며 우물을 그려 넣었습니다. 이러한 그림 기법을 선보이기 시작한 1940년대에는 덕지덕지 덧칠한 붓의 흐름을 볼 수 있었습니다. 그런데 1954년 이후에는 붓의 흐름 대신 자잘한 기포 같은 점들로 화면을 채워 놓았습니다. 그림을 그리고 또 그리며 수없이 덧칠한 끝에 비로소 구멍 숭숭한 화강석 표면 같은 질감을 이끌어 낸 것입니다.

그런데 그 시절 전람회 심사 위원들은 박수근의 그림 기법을 잘 이해하지 못했습니다. 박수근을 그저 향토적인 소재에 집착하는 고리타분한 화가라고 생각했습니다.

그런 반면 박수근의 독창적인 기법을 높이 평가하는 미술가들도 있었습니다.

"소박하고 단순하면서도 깊은 울림이 느껴지는군요."

"네, 선과 색을 최소한으로 사용했지만, 오히려 풍부한 색채와 이야기를 품고 있는 것 같아요."

"그건 바로 이 질감의 표현 때문이 아닐까요? 화면을 가득 채운 이 자잘한 점들이 저에겐 마치 검은색 안개처럼 보이는군요. 안개에 가려진 신비로운 세계를 보는 것만 같아요."

"허허허, 상상력이 풍부하시군요."

"만일 이 화가가 여러 가지 색을 써서 화려한 이미지를 표현했다면 이런 상상을 불러일으키지도 못했을 거예요."

"맞습니다. 화가가 이 소박함 속에 풍부한 이야기를 담아내기 위해 얼마나 노력했는지 알 만하군요."

그러나 이렇게 눈 밝은 심사 위원은 한두 명뿐이었습니다. 그들의 목소리만으로는 박수근의 작품을 특선의 자리까지 올려 주기가 힘들었습니다.

특선을 기대했으나 입선에 그친 대한민국미술전람회 결과에 박수근은 적잖이 실망했습니다. 대체 얼마나 더 열심히 그려야 할지, 어떤 점에서 새로운 변화를 꾀해야 할지 막막했습니다. 고정적인 수입이 없으니 점점 더 궁핍해지는 형편도 큰 걱정이었습니다.

그러한 고민 속에서 그림에 대한 열정은 더해만 갔습니다. 그림을 그리고 있는 동안에는 그 어떤 외로움도 불안감도 떨쳐 낼 수 있었습니다.

1955년 6월 박수근은 대한미술협회 창립 10주년 기념전에 〈노상〉으로 입선을 뛰어넘어 국회문교분과위원장상을 거머쥐었고, 이 작품의 사진이 한국일보에 실리기도 했습니다. 그해 11월에 열린 제4회 대한민국미술전람회에서는 〈오후〉를 출품하여 또다시 입선에 머물렀습니다.

6장 선함과 진실함을 그리는 화가

선하고 진실한 이웃들

1956년 대한미술협회 전람회에서 박수근은 〈노상〉과 〈풍경〉을 출품했습니다. 이 〈노상〉은 전해에 출품했던 작품과 제목은 같지만 다른 그림입니다.

박수근의 작품에는 〈노상〉처럼 길 위의 인물들을 그린 그림이 많습니다. '노상'이 들어간 제목의 작품만 해도 〈노상의 여인들〉, 〈노상의 소녀들〉, 〈노상 풍경〉 등 여남은 점이 됩니다. 그 밖에 그가 즐겨 그리는 일하는 여인, 아기 업은 소녀, 시장 사람들도 대부분 길 위에 서 있거나 앉아 있습니다.

전쟁으로 폐허가 된 땅에서 가난한 사람들은 길 위에서 대화를 나누고, 장사를 하고, 놀이를 하고, 때로는 엉덩이를 붙이고 앉아 휴식을 취하기도 했습니다. 길 위가 그들의 일터이며 쉼터이고 아이들의 놀이터였습니다.

박수근에게는 이들 가난한 서민들이 가족들만큼이나 가까운 사람이었습니다. 창신동 집 대문을 열고 나서면 늘 마주치는 이웃이었고, 전쟁의 폭풍 속에서 함께 고통을 나눈 사람들이었습니다. 그들의 아픔이 곧 박수근의 아픔이었고, 그들의 슬픔이 곧 박수근의 슬픔이었습니다.

어느 해 여름 소낙비가 쏟아지던 날의 일입니다. 수근이 아내와 함께 다정히 우산을 쓰고 집으로 향하고 있었습니다. 주춤했던 장맛비가 오후 늦

〈노상〉 1957년
'길 위'라는 뜻의 '노상' 역시 박수근이 반복적으로 그린 소재 중 하나입니다.

게 쏟아지자 아내가 우산을 챙기고 버스 정류장까지 나와 남편을 기다렸던 것입니다.

 얼마쯤 걸어가자 길가에 과일을 파는 아낙 셋이 나란히 앉아 있었습니다. 우산을 하나씩 받치고 있었지만 우산의 반 이상은 과일에 양보하느라

아낙들의 등은 벌써 비에 젖었습니다.

"여보, 우리 아이들 과일 좀 사다 줍시다."

수근이 아내에게 말하며 아낙들 쪽으로 걸어갔습니다.

"아주머니, 참외 세 개만 주세요."

그는 참외를 사 들고 몇 걸음 옆으로 가더니 다른 아낙에게도 참외 몇 개를 사고, 또 옆에 있는 아낙에게도 몇 개를 샀습니다.

"비 오는데 한 군데서 사지, 똑같은 참외를 왜 여기저기서 사세요?"

"한 아주머니한테만 사면 옆에 계신 아주머니들이 섭섭하잖아."

박수근은 과일 하나라도 길거리에서 손수레나 광주리를 놓고 파는 장수들에게 샀습니다. 그 자신이 평생 궁핍 속에서 살았지만 자기보다 더 가난한 사람들을 섬기고 존중하는 마음을 품었기 때문이지요. 가난한 이웃들은 단순히 그림의 소재가 아니라 박수근의 마음을 따사롭고 부유하게 만드는 존재들이었습니다. 박수근이 말년에 말한 '선함과 진실함'이란 바로 그들 가난한 이웃들의 존재를 가리키는 것이 아닐까요?

나는 인간의 선함과 진실함을 그려야 한다는, 예술에 대한 대단히 평범한 견해를 가지고 있다. 따라서 내가 그리는 인간상은 단순하고 다채롭지 않다.

여인을 그리는 화가

오늘날 박수근은 가장 한국적인 화가로 손꼽히며, 이것은 우리나라뿐만 아니라 세계적으로 인정하는 사실입니다. 그러나 박수근은 살아생전 우리나라 미술가들에게는 환대를 받지 못했습니다. 외국인은 이미 1950년대에 '가장 한국적'이라고 그를 평가하고 있었는데 말이지요.

> 한국의 자기(磁器)를 연상시키는 침착한 백색과 회색의 색조는 조용함을 발하고, 넓은 형태들은 힘을 말해 준다. 박수근은 이 집단의 서양화가들 중에서 가장 한국적이라고 할 수 있겠다.

마리아 헨더슨이라는 독일의 조소 예술가는 1959년 5월 조선일보에 이렇게 썼습니다. 헨더슨 부인은 당시 주한 미대사관에서 외교관으로 일하는 남편을 따라 한국에 와 있었습니다. 1956년에 그녀는 각 나라에서 온 외교관 부부들과 함께 한국 화가들의 화실을 방문하는 모임을 이끌었습니다.

그 모임을 계기로 박수근의 집에도 가끔씩 외국인이 찾아와 작품을 감상하고 돈을 주고 사 가기도 했습니다. 외국인 손님이 오는 날이면 그의 마루 화실은 작은 화랑이며 응접실이 되었습니다.

"이렇게 작은 마룻바닥에 앉아 그림을 그리다니, 그림 그리는 미스터 박의 모습은 그림만큼이나 아름다워요."

"미스터 박이 이렇게 서민적으로 살아가니 그림에서도 역시 서민의 모습이 진실되게 표현되는 것 같아요."

먼 나라의 말이라 알아들을 수는 없었지만 그들의 방문은 박수근에게 큰 활력이 되었습니다.

또, 그들 모임이 주도하여 반도호텔 안에 반도화랑이라는 미술 전시장을 마련했습니다. 반도화랑은 한국의 화가들을 외국인에게 알리며 작품을 판매하는 공간이었습니다. 박수근은 비교적 작은 크기의 그림을 부지런히 그려 반도화랑에 내다 걸었습니다. 그의 그림은 한 달에 몇 작품씩 팔려 인기가 좋은 편이었지만 생활 형편은 여전히 어려웠습니다.

그때 박수근의 그림은 작은 그림 한 점이 겨우 쌀 한 말 값 정도였습니다. 그림 몇 점 판 것으로는 끼니도 잇기 어려웠습니다. 1956년 아내 복순은 배 속에 막내 아이를 품고 있었지만 혼자서 콩자반 몇 알과 물 몇 모금으로 점심을 때울 정도였습니다.

"어머니는 왜 밥을 안 드시고 콩자반을 드시는 거예요?"

어느 날 또 콩자반을 집어 먹는 어머니를 보고 아들 성남이 뿌루퉁한 목소리로 물었습니다. 그 목소리가 마당에 있던 아버지의 귀에도 와 닿았습니다. 박수근은 아이들이 아버지 때문에 어머니가 고생한다고 생각하는 것만 같아 가슴이 아팠습니다.

"성남아, 사람은 하루 두 끼만 먹고도 얼마든지 건강하게 지낼 수 있단다. 이 콩에 영양분이 얼마나 많은지 아니?"

아내의 목소리는 언제나 다정다감했습니다. 아이들을 칭찬할 때도, 타이르거나 으름장을 놓을 때도 마찬가지였습니다. 자신은 콩자반으로 때우면서도 남편의 밥상은 언제나 정성껏 차려 올리며 맛있게 드시라고 다정히 말했습니다.

박수근은 그런 아내에게 늘 미안한 마음이었습니다. 가난한 화가에게 시집와 고생을 마다 않고 늘 남편을 배려해 주는 아내를 깊이 존중했습니다. 그런 아내에 대한 고마움과 사랑, 존중하는 마음이 있었기에 그의 그림에는 아내를 닮은 여인들의 모습이 자주 등장하는 게 아닐까요?

어느 날 반도화랑에서 한 외국인이 박수근에게 이런 질문을 했습니다.

"당신의 그림에는 여인들의 모습이 참 많군요. 빨래하는 여인, 장터에서 물건 파는 여인, 아기 업은 소녀, 나물 캐는 소녀…… 이렇게 여인들을 즐겨 그리는 특별한 이유라도 있나요?"

옆에 있던 통역인이 말을 옮겨 주자 박수근은 더듬더듬 대답했습니다.

"특별히 여인들을 그린다기보다는 저는 다만 이웃들의 모습을 그릴 뿐입니다. 세상의 가장 낮은 곳에서 소박하게 살아가는 그들이야말로 이 땅의 가장 소중한 존재들이지요."

박수근이 그린 이웃들 중에는 남자들보다 여인들이 많습니다. 그 여인들은 대부분 절구질을 하거나, 아이를 보거나, 장사를 하는 등 일을 하고

〈앉아 있는 여인〉 1961년
'길 위에서 장사하는 여인'은 박수근이 즐겨 그린 소재 중 하나입니다.

《시장의 여인들》 1960년대
박수근의 그림 속 여인들은 대부분 일을 하고 있습니다. 여인들의 삶을 숭고하게 여겼던 작가의 따듯한 시선이 느껴집니다.

있습니다. 화려한 옷을 입고 한가로운 시간을 보내는 여인의 모습은 찾아볼 수 없습니다.

　박수근은 당시 그러한 여인들의 삶에 깊은 연민을 느꼈습니다. 전쟁을 겪고 난 뒤 남자들은 일자리를 잃어 방황하는 반면 여인들은 쉴 틈이 없었습니다. 우는 아이를 달래고, 바느질을 하고, 계곡에 가서 빨래를 하고, 날마다 끼니 걱정을 해야 했습니다. 집에 식량이 떨어지면 들에 나가 나물이라도 캐서 장에 나가 팔았습니다. 그런 삶을 살아가기는 박수근의 아내도 마찬가지였습니다.

　그런 여인들의 헌신적인 노력이 없었다면 전쟁의 상처를 입은 우리 민족이 다시 일어서기는 어려웠을 것입니다. 박수근의 화폭 속 여인들은 그런 우리 민족의 고귀한 삶을 가장 진실되게 보여 주는 인물이 아닐까요?

대한민국미술전람회 낙선

1956년에 박수근은 외국인들의 이목을 끄는 한편, 작품에서도 눈에 띄는 변화를 보이기 시작했습니다. 이전에는 볼 수 없었던 소재들을 새롭게 선보이는데, 그중에서도 헐벗고 앙상한 나무의 모습이 가장 눈에 띕니다.

박수근은 그 이전에도 물론 자연 풍경 속에 나무들을 그려 넣었습니다. 그러나 그 나무들은 그저 풍경의 한 부분으로 등장할 뿐입니다.

반면에 1950년대 중반 이후 그린 나무들을 보면 잎도 없고 가지만 앙상한 채로 화폭을 가득 채우고 있습니다. 이렇게 헐벗은 나무, 즉 나목이 중심이 된 풍경은 1956년 이래 박수근의 작품에서 '여인'들만큼이나 자주 등장하게 됩니다. 1956년 대한민국미술전람회에 입선한 작품도 〈나무〉였습니다.

이러한 변화를 보이는 가운데 박수근은 1957년 제6회 대한민국미술전람회에 대비해 큰마음을 품고 대작을 그렸습니다. 100호 크기의 캔버스에 그동안 다져 온 기법으로 온 정성과 노력을 다해 탄생시킨 작품은 〈세 여인〉입니다. 가로와 세로 길이가 130에서 160센티미터 정도 되는 크기로 이전의 작품들보다는 매우 큰 작품이지요.

이 작품에 대한 박수근의 기대는 무척 컸습니다. 향토적인 소재를 자기만의 독창적인 기법으로 충분히 표현해 낸 작품이라고 자신했습니다.

〈나무와 두 여인〉 1962년
박수근의 그림 속 나무들은 대부분 헐벗고 앙상한 모습입니다.
'나무와 여인'을 소재로 한 작품도 연작이라 불릴 만큼 여러 점이 남아 있습니다.

〈골목 안〉 1950년대
박수근이 살았던 창신동 집 어귀에 있는 골목 풍경이라고 전해집니다.

〈판자촌〉 1960년대
1950, 60년대 서울 변두리에 자리했던 판잣집 동네를 보여주는 그림입니다.

출품을 하고 결과 발표일을 기다리는 동안 박수근은 모처럼 설레면서도 초조한 기분이었습니다. 발표일이 다가올수록 차분히 다른 그림에 몰두하기가 힘들 정도였습니다.

드디어 제6회 대한민국미술전람회 결과 발표일입니다. 그런데 박수근에게 돌아온 대답은 '낙선'이었습니다. 입선도 아닌 낙선이라니 도무지 상상할 수 없었던 결과였지요.

큰 충격을 받은 박수근은 술에 잔뜩 취한 채 골목길을 터벅터벅 걸었습니다. 저 멀리 보이는 판잣집 동네가 오늘따라 더 을씨년스러워 보입니다.

집으로 돌아온 그는 아내 앞에서 어린아이처럼 펑펑 울고 말았습니다.

"내 그림이 왜 떨어졌는지 모르겠어. 그럴 리가 없어, 그럴 리가……."

"떨어질 수도 있지 애들처럼 울긴 왜 울어요."

"그 그림은 결코 떨어질 그림이 아니야. 심사에 무슨 문제가 있었던 게 틀림없어. 도대체, 도대체 왜 그 그림이……."

"심사 위원이 아마 당신 그림이 샘이 났던 모양이지요. 심사 위원인 자기 그림보다 당신 그림이 더 잘 그렸으니 말이에요."

"그게 무슨 소리요. 아무튼 난 이제 대한민국미술전람회에 그림을 내지 않겠어."

외로움과 서러움에 북받쳐 그의 울음은 쉽게 그치지 않았습니다.

사실 그때 심사 위원이라고 해 봐야 작품 수준에서는 박수근보다 나을 게 없는 사람들이었습니다. 다만 그들은 일본에서 예술 대학을 다녔다는 게 박수근과 다른 점이었습니다. 박수근이 만약 그들처럼 번듯한 대학을 나와서 미술계에 스승이나 선배를 두고 있었다면 심사에서 그렇게 외면받는 일은 일어나지 않았을 것입니다.

  박수근의 상심이 컸던 것은 그 당시 설립된 몇몇 미술 단체 어느 곳에도 속하지 못한 자신의 처지 때문일지도 모릅니다. 1957년 그해에는 창작미술협회, 현대미술가협회, 모던아트협회 같은 미술 단체가 잇따라 생겨났습니다. 저마다 지향하는 그림 양식에 따라 뜻을 같이하는 화가들끼리 모여 만든 단체이지요. 이러한 단체는 대개 마음 맞는 선후배들끼리 단결하여 만든 다음 회원을 늘려 가며 이런저런 미술 활동을 했습니다. 적어도 일 년에 한 번은 단체 전시회를 열어 세상 사람들에게 작품을 선보였습니다. 그림을 전시할 기회를 얻기 위해서라도 대부분의 화가들은 어떤 단체에든 회원으로 가입해 활동했습니다. 박수근처럼 이끌어 줄 선후배가 없는 화가들은 눈치껏 연줄을 찾아 회원 자격을 얻었습니다.

  그러나 박수근은 그럴 만한 눈치도 없었습니다. 순진하게도 오로지 그림만 잘 그리면 되는 줄 알았습니다. 하지만 아무리 열심히 그려도 그를 찾아와 전시회가 열리니 그림을 내 달라고 말하는 단체는 없었습니다. 그러니 박수근이 기댈 곳은 오로지 나라에서 개최하는 대한민국미술전람회밖에 없었습니다. 간혹 어떤 화가들은 스스로 개인전을 열기도 했지만 그러려면 전시장을 빌리고 꾸밀 돈이 필요했습니다. 물론 가난한 화가 박수근에게는 생각도 할 수 없는 일이었지요.

그런 처지에 그렇게도 매달렸던 전람회에서 낙선을 하다니, 속상한 나머지 그 후로 박수근은 술을 마시는 날이 많았습니다. 그전에는 마시더라도 기분 좋게 몇 잔으로 그쳤지만, 이때부터는 몸을 가누지 못할 만큼 취한 채 집에 들어오기도 했습니다.

세계 무대로 한 걸음

상심에 빠진 박수근에게 위안이 된 것은 외국인들의 관심과 지지였습니다. 박수근의 낙선 소식을 들은 미국의 잡지 기자 마가렛 밀러는 이런 편지를 보내 왔습니다.

> 서울 화단에서 경쟁하는 일이 힘들긴 하겠지만,
> 언젠가는 결국 당신이 앞서게 될 것입니다.
> 어떠한 일이 있더라도 낙심하지 않으셨으면 합니다.
> 우리는 언젠가 당신이 널리 이름을 빛내리라 믿습니다.

밀러 부인은 1956년 한국에 머물며 화실 방문 모임과 반도화랑 설립에 참여했던 외국인 중 한 명입니다. 박수근의 마루 화실에서 깊은 감명을 받은 이래 그녀는 미국으로 돌아가고 나서도 박수근의 열렬한 후원자가 되었습니다. 박수근에 대한 기사를 써서 미술 잡지에 기고했고, 그의 작품을 주문해 미국의 그림 애호가들에게 팔아 주기도 했습니다. 박수근의 열악한 생활을 걱정하여 화구를 사서 보내 주었으며, 1964년에는 비록 성사시키지는 못했지만 로스앤젤레스에서 박수근의 개인전을 준비하기도 했습니다.

박수근이 세상을 뜨기 석 달 전 밀러 부인이 쓴 기사에는 이런 내용이 있었습니다.

> 고요한 아침의 해 뜨는 나라인 한국의 서정을
> 박수근만큼 성실히 표현한 작가는 없다.

박수근에 대한 이러한 평가는 무릇 밀러 부인의 생각만은 아니었습니다. 1957년부터 미국 미술계에서는 박수근의 이름 석 자가 자주 화제에 올랐습니다. 1957년 여름에는 다음 해 뉴욕 월드하우스갤러리에서 열릴 한국현대미술전에 박수근의 그림이 출품작으로 뽑혔습니다. 그 전시회는 세계적으로 유명한 미국의 화랑에서 한국 화가들의 작품을 널리 알리기 위해 마련한 특별한 행사였습니다. 이는 국가적으로도 기쁜 일이었고, 특히 작품이 뽑힌 화가에게는 매우 영광스러운 일이었습니다. 이때 박수근의 출품작은 〈모자(母子)〉, 〈노상〉, 〈풍경〉이었습니다.

그 당시 우리나라는 미국의 점령을 받으며 그들의 풍족한 물자에 이끌려서인지 서구 사회를 선망하는 분위기였습니다. 미술계에서는 이제 일본이 아닌 프랑스 유학을 선호했고, 서구 미술계에 작품을 선보이는 것이야말로 화가들의 간절한 소망이었습니다.

그런 분위기에서 뉴욕의 한국현대미술전에 출품 작가로 뽑힌 서른일곱 명은 모든 화가들에게 부러움의 대상이었습니다. 특히 그 가운데 박수근

《모자(母子)》 1961년
박수근의 작품에는 부드러운 곡선으로 이루어진 그림이 많습니다. 모나지 않고 둥글둥글한
우리 민족의 심성을 나타낸 것일까요? 〈모자〉에서는 그러한 곡선의 이미지가 가장 두드러지게 나타나 있습니다.

이 끼여 있다는 것은 몹시 놀라운 일이었습니다.

"어떻게 이럴 수가 있지? 대학도 안 나오고 대한민국미술전람회에서 입선이나 하는 사람이 어떻게 그런 전시회에……"

"정말 말도 안 되는 일일세. 대한민국미술전람회 심사 위원도 대학교수도 탈락한 마당에 어떻게 박수근이 뽑힐 수 있단 말인가."

"그러게 말이네. 도무지 내 자존심이 허락하지 않는군."

부러움을 넘어 이렇게 시샘하는 화가들까지 있었습니다.

박수근이 제6회 대한민국미술전람회에서 낙선한 것은 이 일이 있고 나서 두 달쯤 뒤의 일입니다. 서구 진출의 대열에 올라선 화가가 국내 전람회에서는 낙선이라니, 누가 봐도 이해하기 어려운 일이었지요.

박수근이 낙선의 충격에 빠져 있던 그즈음 화가들은 쉬쉬하며 이런 말을 나누곤 했습니다.

"이번 대한민국미술전람회 유채화부 심사 위원 중에 뉴욕 전시회에 뽑힌 화가는 한 명뿐이라지?"

"그래, 심사 위원 일곱 명 중에 여섯 명은 떨어졌지. 혹시 그게 분해서 이번 대한민국미술전람회에서 박수근을 낙선시킨 게 아닐까?"

"에이, 설마하니 심사 위원들이 유치하게 그럴 리가……"

"심사 위원인 자기들도 떨어진 전시회에 자기들한테 심사받는 화가가 뽑혔으니 기분이 좋을 리 없잖아."

"흠, 그렇긴 하지. 그렇다고 그런 중요한 심사에서 개인적인 감정을 앞세

워선 안 되지. 그게 사실이라면 정말 실망스러운데."

당시 이러한 소문이 돌고 있었다는 걸 박수근은 알고 있었을까요? 그것은 우리가 알 수 없는 일입니다. 설령 그런 소문을 들었더라도 워낙에 과묵한 그였기에 그저 침묵으로 그 괴로운 시기를 견뎌 냈을 것입니다. 워낙에 마음 여린 그였기에 그저 한바탕 울고 술로 마음을 달랜 후 다시 붓을 잡는 게 그가 할 수 있는 전부였을 것입니다.

1957년이 가기 전 12월에는 샌프란시스코에서 유네스코 미국위원회가 마련한 '아시아와 서양 미술전'이 열렸습니다. 이 전시회를 위해 유네스코 위원회가 선정한 한국 화가는 김영기, 성재휴, 박수근을 비롯한 여섯 명이었습니다. 여기에 또 박수근이 끼여 있다는 사실은 국내 미술계에 또 하나의 놀라운 소식이었습니다. 이때 출품된 박수근의 작품은 그의 외국인 후원자 실리아 짐머맨이 소장하고 있던 〈노변의 행상〉입니다.

낙선의 고통과 미국 진출의 기쁨 속에서 박수근은 마음을 다잡고 그림을 그렸습니다. 어지러운 마음을 떨쳐 낼 방법은 그저 묵묵히 그림을 그리는 것밖에 없었습니다. 침묵은 세상살이에 요령이 부족한 그가 지닌 유일한 삶의 수단이었을지 모릅니다.

언젠가 미국의 밀러 부인이 그림을 주문하여 그 값으로 미국 수표를 보내 왔습니다. 이 수표를 쓰려면 현금으로 바꿔야 했습니다. 박수근의 아내는 달러 상인을 찾아가 수표를 맡겼습니다.

"아주머니, 이 수표 좀 현금으로 바꿔다 주시겠어요? 그러면 제가 그 돈의 일 할을 드릴게요."

"예, 제가 얼른 바꿔다 드리지요. 집에 돌아가셔서 기다리세요."

그러나 며칠이 지나도 달러 상인은 돈을 갖다 주지 않았습니다.

"여보, 그 아주머니가 수표를 바꿔서 돈을 다 써 버린 모양이에요. 어쩌면 좋아요."

아내의 말에 박수근은 태연한 목소리로 대답했습니다.

"오죽 사정이 딱하면 돈을 못 가져오겠소. 조금만 기다려 보오."

아내는 조금 더 기다려 보기로 했습니다. 그러나 어느 날 그 상인은 마을에서 모습을 감추고 말았습니다.

"그 아주머니가 사라졌어요. 돈을 못 갚으니까 도망쳤나 봐요."

아내가 울먹거리는 목소리로 말했습니다.

박수근은 그저 아내의 눈물을 닦아 줄 뿐 아무 말이 없었습니다. 이웃들에게 물어물어 상인의 행방을 찾아볼 수도 있었지만, 그는 이 일에 대해 아무에게도 말하지 않았습니다.

1961년에는 이런 일도 있었습니다.

일본에서 온 나라가 참여할 수 있는 국제자유미술전이 열렸는데 이 전시회에 박수근은 〈나무〉를 출품했습니다. 전시회가 끝난 뒤 팔리지 않은 작품은 작가에게 돌려주게 마련인데 박수근은 〈나무〉를 돌려받지 못했습니다. 그에게 돌아온 것은 작품을 잃어버렸다는 통지서 한 통뿐이었습니다.

"일본 경찰에 신고해서 작품을 찾아봐야겠어요."

아내는 애써 그린 남편의 작품이 안타까워 이렇게 말했습니다. 그러나 박수근은 이번에도 아내를 말렸습니다.

"그만둡시다. 작품은 탐이 나는데 돈은 없는 누군가가 가져갔을 테니 이 얼마나 좋은 일이오. 작품을 도난당한다는 건 작가에게는 오히려 영광이라오."

박수근은 이렇게 자신의 것을 뺏기고도 어디 가서 말 한마디 할 줄 몰랐습니다. 그저 마음을 비우고 한 걸음 물러난 채 묵묵히 세상을 살아갔습니다. 동료들과 몇 시간이고 마주 앉아 술잔을 기울이면서도 말이 없는 그는 있는 듯 없는 듯한 존재였습니다.

그러다 보니 세상살이에서는 손해를 보기도 했습니다. 그러나 그림에서만큼은 누구보다 독창적인 세계를 펼칠 수 있었습니다.

그는 언제나 침묵한 채 홀로 그림을 그렸습니다. 자신의 그림에 대해 물어볼 스승도 동료도 없었습니다. 스스로 자신의 그림을 평가하며 마음에 들 때까지 묵묵히 그리고 또 그렸습니다. 같은 소재의 그림이 많은 이유도 이 때문일 것입니다. 침묵은 독학을 하는 그에게 가장 훌륭한 스승이요, 동료가 되어 주었습니다.

이야기책을 만들어 주는 아버지

"공주가 나를 사랑하거든 그대 대궐 안에 있는 북과 나팔을 깨뜨려 버려 주시오. 그러면 공주를 아내로 맞이하겠소. 공주는 왕자의 편지를 보고 한편으로는 기쁘고 한편으로는 근심스러웠습니다."

열한 살 난 성남이 다섯 살 동생 성민에게 이야기책을 읽어 주고 있습니다. 두 살 난 막내딸 인애는 성남 오빠 무릎에 앉아 있다가 싫증이 났는지 그림 그리고 있는 아버지 곁으로 옮겨 갔습니다.

아버지 박수근은 빨강 파랑 노랑, 열두 가지 색 물감으로 그림을 그리고 있었습니다. 먹색, 황색, 갈색처럼 흐릿하고 어두운 색깔만 쓰던 그가 오늘은 웬일일까요?

"꽁주, 꽁주."

이제 막 말을 배우기 시작한 인애가 그림을 가리키며 말했습니다.

"하하하, 우리 인애가 공부 많이 했나 보네."

박수근은 막내딸의 머리를 쓰다듬으며 말했습니다.

그는 지금 아이들을 위하여 이야기책을 만들어 주고 있습니다. 아이들이 좋아하도록 알록달록한 색깔로 그림을 그리고 이야기도 한 글자 한 글자 연필로 써 넣었습니다. 보통의 아이들은 책 한 권 읽어 보지 못하고 어

〈호동 왕자와 낙랑 공주〉 1950년대
박수근이 〈호동 왕자와 낙랑 공주〉라는 이야기책에 직접 그려 넣었던 그림입니다.
위의 그림은 호동 왕자의 사랑을 얻기 위해 남몰래 대궐 안의 북을 찢는 낙랑 공주의 모습이며,
아래 그림은 사냥을 나온 고구려의 호동 왕자와 마차를 타고 행차하는 낙랑 나라 임금을 그린 것입니다
(이 책은 딸 박인숙이 새로 쓰고 만들어 2012년 사계절출판사에서 출간한 《박수근의 바보온달》에 들어 있어
많은 어린이들이 볼 수 있게 되었습니다).

린 시절을 보낼 만큼 책이 귀하던 시절이었습니다. 창신동으로 이사 온 후 틈틈이 만든 이야기책은 〈호동 왕자와 낙랑 공주〉, 〈광개토왕〉, 〈활 잘 쏘는 주몽〉 등 대여섯 권이 되었습니다.

벌써 열네 살로 중학생이 된 큰딸 인숙은 물론 성남도 아버지가 만들어 준 이야기책을 모두 읽었습니다. 성남은 아버지의 그림 중 이야기책에 그린 그림을 가장 좋아했습니다.

'평소에도 이렇게 예쁜 그림을 그리지, 아버지는 왜 저렇게 이상한 그림만 그리시는 걸까? 차라리 이렇게 이야기책을 만들어 팔면 돈 많이 벌 텐데.'

성남은 이렇게 생각했지만 누구 앞에서도 그런 말을 해 본 적은 없습니다. 언젠가 어른이 되면 아버지의 마음과 그림을 이해할 수 있을 것만 같았습니다.

"학교 다녀왔습니다."

큰딸 인숙이 마당을 가로질러 오며 인사했습니다.

"언니, 언니."

인애가 반가운 듯 마루로 들어서는 언니를 향해 달려왔습니다.

"우리 인애 오늘도 하루 종일 언니 보고 싶었지?"

인숙이 막냇동생 인애를 번쩍 안아 들고 입을 맞추었습니다.

"인숙이 왔구나. 벌써 시간이 이렇게 지났나?"

박수근은 그림 도구를 정리하기 시작했습니다.

언제나 그는 아침 열 시에 그림을 그리기 시작해 네다섯 시쯤 붓을 내려

〈공기놀이하는 소녀들〉 1960년대
무뚝뚝하면서도 아이들에 대한 사랑이 깊었던 박수근의 작품에서는 '소녀들'의 다양한 모습을 볼 수 있습니다.

놓았습니다. 그 후에는 시내에 나가 반도화랑에도 들르고, 그 시절 예술가들이 많이 다녔던 명동의 찻집이나 술집에서 동료들을 만나기도 했습니다.

그러나 오늘은 외출을 하지 않기로 했습니다. 조금 전 아내가 맷돌질을 시작했기 때문입니다. 오늘 저녁 수제비를 끓일 모양입니다. 맷돌로 밀을 갈아 반죽을 하는 일이 얼마나 힘든지 박수근은 알고 있었습니다.

"이리 줘 봐. 내가 갈아 줄 테니."

"아, 아니에요. 그림 그리느라 힘들었을 텐데 가서 쉬세요."
"당신이야말로 오늘 저 많은 빨래 하느라 힘들었잖소."
박수근은 아내의 손에서 맷돌 자루를 뺏어 잡았습니다.
"내가 반죽하고 수제비까지 뜰 테니 당신은 구경만 하고 있어."
박수근이 수제비 뜨는 실력은 아내도 인정해 주었습니다. 밀가루 반죽을 조금씩 뜯어 얇게 만드는 솜씨는 사실 아내보다 그가 더 나았습니다. 스물한 살 무렵 어머니가 병으로 누워 있을 때 부엌일을 도맡아 했던 덕분이지요.
"당신 정말 이번에 대한민국미술전람회에 출품하지 않을 거예요?"
"그래, 안 낸다니까."
1958년 제7회 대한민국미술전람회 소식이 들려왔지만, 박수근은 지난해 아내 앞에서 울며 말했던 것처럼 출품을 포기했습니다.
"미국에까지 이름을 알린 화가를 그렇게 푸대접하다니 작년엔 정말 너무했어요."
"이름을 알리면 뭐하겠소. 아직도 이렇게 당신을 고생시키고 있는데……."
"그런 말씀 그만하세요. 저는 당신 그림이 널리 알려져서 얼마나 뿌듯한데요."
"어휴, 올여름엔 당신한테 냉면도 몇 번 못 사 줬지. 어제는 냉면집 앞을 지나가는데 당신 생각이 나서 얼마나 마음이 아팠는지 몰라."
박수근은 언제나 아내에게 어떻게 하면 웃음을 안겨 줄 수 있을까, 어떻

〈굴비〉 1962년
박수근이 남긴 정물화는 몇 점 되지 않습니다. 정물화의 소재 역시 생활 속에서 흔히 볼 수 있는 것이었습니다.

〈감자〉 1952년
〈감자〉는 〈굴비〉, 〈복숭아〉와 함께 박수근의 대표적인 정물화로 꼽힙니다.

게 하면 짐을 조금이라도 덜어 줄까 생각하는 남편이었습니다. 여름이면 일주일마다 시내에 나가 아내가 좋아하는 냉면을 사 주었고, 지금껏 아내의 생일을 그냥 지나친 적이 한 번도 없었습니다.

하루는 모처럼 외출했던 아내 복순이 밤늦게 정류소에 내리니 남편이 기다리고 있었습니다. 함께 집에 돌아와 보니 방에는 남편이 미리 차려 놓은 밥상이 기다리고 있었습니다. 노릇하게 구운 굴비와 따끈따끈한 감자까지 상 위에 올라와 있었습니다. 굴비는 남편이 차비를 아껴 가며 모은 돈으로 사 온 것이었습니다. 복순은 몹시 감격하여 몸 둘 바를 몰랐습니다.

과묵하고 무뚝뚝해 보이지만 박수근은 아내에 대한 고마움을 가슴 깊이 간직한 남편이었고, 아이들에게는 이야기책을 만들어 주는 자상한 아버지였습니다.

술로 아픔을 달래다

　세계 무대에서 대우받는 화가가 어째서 국내에서는 홀대받는 것일까? 국내 화단에 퍼진 이런 의혹이 신경 쓰였던 걸까요? 1959년 대한민국미술전람회 운영부는 박수근을 추천 작가로 선정하였습니다. 박수근은 추천 작가로서 〈한일(閑日)〉과 〈좌녀(坐女)〉를 출품하였습니다.

　'추천 작가'는 작품 수준이 우수하여 심사를 받지 않고 전람회에 참가할 수 있는 작가에게 주어지는 이름입니다. 그 당시 박수근보다 변변치 못한 화가들도 추천 작가나 심사 위원, 대학교수 등으로 활동하고 있었습니다. 추천 작가는 박수근에게 너무 늦게 주어진 이름이었지요.

　다음 해 1960년과 1961년에도 대한민국미술전람회 추천 작가로 각각 〈노상의 소녀들〉과 〈노인〉을 출품했습니다.

　훗날 박수근의 그림은 1960년대 들어 최고의 예술적 성취를 이루었다고 평가됩니다. 그러나 이즈음 생활 형편은 더 어려워져만 갔습니다. 1959년 반도화랑이 재정 문제로 문을 닫은 이래 그림을 팔 길이 좁아진 탓도 있었습니다. 1962년에는 경기도 화성에 있는 주한미공군사령부 도서관에서 뜻밖에도 '박수근 특별초대전'을 마련해 주었습니다. 이때 서른세 점의 작품을 전시해 여러 점의 작품을 팔았습니다. 그러나 그림값이 높지 않았기에

〈농악〉 1962년
다섯 점으로 이루어진 '농악' 연작 중 첫 번째 작품입니다.

형편이 필 만큼 보탬이 되지는 못했습니다.

 이즈음 그린 작품으로 〈농악〉이 있습니다. '농악' 연작 그림은 현재 다섯 점이 남아 있는데 위의 그림은 그 다섯 점 중에서 가장 처음 그린 것이라고 합니다. 박수근의 그림 속 인물들이 대부분 움직임이 없고 노동하는 모습인 데 반해 〈농악〉의 인물들은 모처럼 어깨춤을 하며 놀고 있다는 게 인상적입니다.

1962년 마흔여덟의 박수근은 드디어 대한민국미술전람회 심사 위원이 되었습니다. 그동안 국내 화단의 따돌림 속에서 오래도록 외로움을 견뎌야 했던 그에게 심사 위원은 지극히 반갑고 영광스러운 자리였습니다.

박수근은 자못 설레는 마음으로 그해의 대한민국미술전람회를 맞이했습니다. 그러나 심사를 마치고 집으로 돌아온 그는 또 울고 말았습니다.

"앞으로 난 심사 위원이 되더라도 심사 따위 하지 않겠어. 이번엔 모르고 그냥 했지만 두 번 다시 할 게 못 돼."

그가 심사 위원 자리에서 목격한 것은 각 미술 단체 간의 싸움이었습니다. 심사 위원들은 자기가 속한 단체의 회원 작품에 점수를 더 많이 주었습니다. 그러다 보니 서로 불공정한 심사를 한다며 말다툼을 하는 등 한바탕 소란이 일어났습니다. 순수하고 진실한 박수근의 눈에 그것은 충격적인 장면이었습니다. 그런 불공정한 심사의 자리에 자신이 끼어 있다는 사실이 견딜 수 없었습니다.

박수근은 술을 마시는 날이 점점 더 많아졌습니다.

하루는 시내에 나갔다 돌아오더니 울상을 지은 얼굴로 말했습니다.

"길을 걷는데 갑자기 배가 아프고 식은땀이 흐르는 거야. 근처에 약방이 없었으면 난 아마 죽었을 거야."

그 후로 그는 종종 배가 아프고 소화가 안 된다는 말을 했습니다. 위장병인 줄만 알았습니다. 정 참기 힘들면 약국에서 위장약을 사먹었습니다.

그러던 어느 날 병원에 갔더니 신장염과 간염에 걸렸다는 것입니다. 정신적인 스트레스와 술이 원인이라고 했습니다. 그러나 그 후로도 박수근은 술을 줄이지 못했습니다.

"이렇게 자꾸 술을 드시면 어떡해요. 간에 술이 얼마나 나쁜데……."

걱정하는 아내 앞에서 그는 투정하듯 말했습니다.

"술이라도 마시지 않으면 미치겠어. 도무지 견딜 수가 없단 말이야."

아이처럼 순수하고 진실한 그가 살아가기에 세상은 너무나 어지러웠습니다. 열두 살의 박수근이 밀레의 〈만종〉 속에서 본 세상은 이런 게 아니었습니다. 〈만종〉처럼 아름다운 세상을 꿈꾸며 그는 평생 그림을 그렸습니다. 그러나 세상을 지배하는 현실은 거짓되고 병들어 있었습니다. 박수근은 자꾸만 상처를 입고 아플 수밖에 없었습니다. 그 아픔을 술을 마시고 그림을 그리며 견디는 것이었습니다.

봄을 기다리는 나무

 병을 앓는 중에도 그림 작업은 쉼이 없었습니다. 언젠가는 이 춥고 어지러운 날들이 지나가고 아름다운 세상이 오리라는 희망으로 박수근은 더더욱 그림에 열중했습니다.

 이즈음의 작품에는 〈귀로〉, 〈고목과 여인〉, 〈강변〉, 〈귀가〉, 〈고목과 행인〉 등 이파리 하나 없이 헐벗은 나무를 소재로 한 그림이 많습니다.

 박수근은 봄에도 여름에도 고집스럽게 헐벗은 겨울 나무만을 그렸습니다. 그 이유는 무엇일까요? 굶주림과 질병에 시달리던 그 시절은 그에게 언제나 추운 겨울이었을 것입니다. 가난하고 아픈 것은 박수근 자신뿐 아니라 전쟁을 겪고 난 우리 시대의 모습이었습니다.

 하지만 그 헐벗은 나무들은 하나같이 굳세고 의연한 모습으로 서 있습니다. 머지않아 파릇파릇한 새싹을 틔워 내고 싱그러운 녹음을 드리울 나무라는 믿음을 강하게 전해 줍니다. 따뜻하고 아름다운 세상에 대한 희망을 품고 있던 박수근 자신과 다름이 없는 모습이지요.

 그토록 따뜻한 날이 오기를 기다렸건만 그의 병은 깊어만 갔습니다. 간염의 영향으로 시력까지 잃어 갔습니다. 결국은 백내장에 걸려 수술을 했는데 돈이 없어 뒤늦게야 한 탓인지 결과가 좋지 않았습니다. 한쪽 시력을

〈귀로〉 1964년
1950, 60년대에 즐겨 그린 '나무와 여인' 연작 중 하나입니다.
박수근의 나무들은 이렇게 헐벗고 앙상한 모습이지만, 한편으로는 어떤 역경도 이겨낼 듯 강직해 보입니다.

〈고목과 여인〉 1964년
소설가 박완서의 장편 소설 《나목》에서
언급되기도 하여 유명한 작품입니다.

완전히 잃고 만 것입니다. 그림을 그리는 사람이 시력을 잃다니 안타까운 일이었습니다.

    1963년이었던 그해, 설상가상으로 창신동 집을 내놓고 다른 집으로 이사해야 했습니다. 알고 보니 박수근이 그토록 자랑스럽게 여겼던 그 집이 사기꾼에게 속아 산 집이었습니다. 전농동으로 옮겨 간 그의 집에는 암울한 그림자가 드리워졌습니다. 잇따른 불행을 겪으며 생활은 더할 수 없이 어려워졌습니다.

박수근의 불행한 소식을 들은 미국의 밀러 부인이 편지를 보내 왔습니다.

"여보, 밀러 부인이 내년에 로스앤젤레스에서 내 개인전을 열자고 하는구려."

"아, 그래요? 정말 잘됐네요. 그런데 당신 건강이 안 좋은데 괜찮겠어요?"

"괜찮고말고. 난 그림 그리고 있을 때 가장 힘이 솟는 사람이란 말이오."

"그래도 쉬엄쉬엄하세요. 무리하면 간에 안 좋으니까."

"알았소, 여보. 전시회를 열고 나면 우리 형편도 한결 나아질 거요. 그나저나 내가 오늘 버스 간에서 보니까 광주리 장수 아주머니들도 다 털 속치마를 입었던데 당신만 여태 못 입었어."

"어유, 그런 걱정은 관두세요. 그런 거 안 입어도 전혀 불편하지 않아요."

박수근은 안쓰러운 얼굴로 아내의 손을 쓰다듬었습니다.

그즈음 아낙들 사이에서는 털실로 짠 속치마가 유행이었습니다. 몇 달 전부터 박수근은 돈을 마련해 줄 테니 털 속치마를 짜서 입으라고 아내에게 말했습니다. 그러나 아직까지도 그럴 만한 여유가 생기지 않았던 것입니다.

박수근은 개인전 계획으로 모처럼 활기를 되찾고 열심히 그림을 그렸습니다. 그런 가운데 가을에 열린 대한민국미술전람회에 추천 작가로 〈악(樂)〉을 출품했습니다. 〈악〉은 '농악' 연작 다섯 점 중 한 작품입니다.

천당이 멀어, 멀어

　1964년, 그렇게 기대했던 로스앤젤레스의 개인전은 결국 취소되었습니다. 박수근의 건강이 날로 심각해졌고, 그의 예전 그림들까지 전시해야 하는데 그것을 소장하고 있는 사람들과 연락이 닿지 않았습니다.

　박수근은 병마에 시달리는 중에도 〈할아버지와 손자〉를 그려 대한민국 미술전람회에 초대 작가로 출품했습니다.

　절망과 고통에 대한 반작용일까요? 이해에 그린 〈강변〉에는 모처럼 봄 분위기가 어려 있습니다. 가지는 여전히 앙상하지만 전체적으로 노란색을 흩뿌려 놓아서인지 봄볕이 화사하게 퍼져 있는 것 같습니다. 가만 보니 강 저편은 알 수 없는 세상인 듯 뿌옇군요. 나루터에 있는 네 척의 배는 누굴 기다리고 있는 것일까요?

　1965년 봄, 박수근은 결국 병원에 입원합니다.

　간경화 증세가 심해져서 자꾸만 정신을 잃고 음식을 삼킬 수도 없었습니다. 청량리 위생병원에 한 달쯤 누워 있었지만 희망이 보이지 않아 5월 5일 퇴원을 했습니다.

　집으로 돌아온 그날 밤 내내 아내는 남편의 곁을 지켰습니다.

　희미한 의식 사이로 박수근이 웅얼거렸습니다.

〈강변〉 1964년
병마에 시달리던 와중에 모처럼 밝은 분위기로 그린 후기 작품입니다.

"당신 털 속치마……."

유행하는 털 속치마를 아내만 입지 못한 게 못내 마음에 걸렸던 모양입니다.

"여보, 죽지 마세요. 죽지 마세요."

아내는 참았던 울음을 터뜨렸습니다.

"내가 죽긴 왜 죽어. 걱정들 하지 마."

숨죽인 울음소리만이 간간이 들리는 고요한 봄밤이었습니다.

어느 순간 가늘게 눈을 뜬 박수근이 아내의 얼굴을 가만히 바라보았습니다.

"천당이 가까운 줄 알았는데……."

남편의 마지막 목소리에 아내는 귀를 모았습니다.

"멀어, 멀어."

5월 6일 새벽 1시, 박수근은 그렇게 영원히 우리 곁을 떠났습니다.

어느 예술가의 죽음

이젤조차 없이

가난으로 보낸 나날

이틀 뒤 박수근의 유해가 경기도 포천에 있는 한 교회 묘지에 묻혔습니다. 그날 아침 발행된 동아일보에는 위와 같은 제목으로 손바닥만 한 기사가 났습니다. 한평생 가난 속에서 그림을 그렸던 어느 화가의 초라한 죽음에 대한 이야기였습니다.

그러나 그로부터 10년 뒤 열린 '박수근 10주기 기념전'은 전시 기간을 며칠 더 연장해야 할 만큼 성황을 이루었습니다. 뒤늦게 소식을 듣고 달려온 관람객들이 많았기 때문입니다.

그 후로 박수근 작품에 대한 평가가 급속히 달라지기 시작했습니다. 그의 작품을 찾는 사람도 많아졌고, 그에 따라 작품 값도 치솟았습니다. 1960년대 초 어느 미국인 부인이 20달러에 구입했던 〈귀로〉는 2008년 열린 뉴욕의 경매 시장에서 65만 7000달러(약 6억 5000만 원)에 낙찰됐습니다. 2007년 열린 국내 경매에서는 〈시장의 사람들〉이 25억 원, 〈빨래터〉가 무려 45억 2000만 원에 낙찰됐습니다. 국내 최고의 가격을 기록한 것입니다.

박수근은 이제 대한민국을 대표하는 최고의 국민 화가입니다. '가장 한국적이면서 가장 세계적인 화가'라고 세상 사람들은 그에 대해 이야기합니다.

남들이 화려한 외국의 것에 눈을 돌릴 때 박수근은 우직하게 우리의 것만을 그렸습니다. 그가 그토록 우직할 수 있었던 것은 그만큼 우리 것에 대한 애정이 깊었던 까닭입니다. 이웃의 아픔을 함께 앓으며 그들의 선하고 진실한 삶을 깊이 존중했던 까닭입니다.

그가 사랑했던 이웃들만큼이나 선하고 진실했던 화가 박수근, 그의 그림은 이제 온 세상 사람들의 마음을 울리고 있습니다. 가난하지만 진실했던 그의 이웃들, 헐벗었지만 의연했던 그의 나무들이 세상 사람들의 마음을 포근히 감싸 주고 있습니다.

박수근의 생애

1914년(0세)	2월 21일 강원도 양구군 양구면 정림리에서 장남으로 태어나다.
1921년(7세)	양구공립보통학교 입학. 미술에 남다른 재능을 보이다.
1926년(12세)	프랑스 화가 밀레의 그림 〈만종〉에 깊이 감동하여 화가가 되기를 꿈꾸다.
1927년(13세)	집안 형편이 어려워 중학교 진학을 포기하고 홀로 그림 공부를 시작하다.
1932년(18세)	11회 조선미술전람회에 수채화 〈봄이 오다〉가 입선하다.
1935년(21세)	가족들이 뿔뿔이 흩어져 박수근은 홀로 강원도 춘천으로 거처를 옮기다.
1936~1939년(22~25세)	조선미술전람회 15, 16, 17, 18회에 각각 〈일하는 여인〉, 〈봄〉, 〈농가의 여인〉, 〈여일(麗日)〉이 입선하다.
1940년(26세)	2월 10일 강원도 금성에서 김복순과 결혼하다. 4월에 평안남도 도청 사회과에 취직하다. 제19회 조선미술전람회에 〈맷돌질하는 여인〉이 입선하다.
1941~1943년(27~29세)	조선미술전람회 20, 21, 22회에 〈맷돌질하는 여인〉, 〈모자(母子)〉, 〈실을 뽑는 여인〉이 각각 입선하다.
1945년(31세)	일제의 지배에서 해방된 뒤 평안남도 도청을 퇴직하고 금성으로 이주하다.
1950년(36세)	한국전쟁 발발로 가족과 헤어져 혼자서 월남하다.
1952년(38세)	월남한 가족과 상봉한 후 서울의 화방을 통해 그림을 그려 팔며 생계를 꾸리다.
1953년(39세)	미군 PX에 취직하여 초상화 제작 일을 하다. 창신동에 집을 마련하다. 제2회 대한민국미술전람회에 〈우물가(집)〉이 특선, 〈노상에서〉가 입선하다.
1954년(40세)	국립박물관에서 개최한 한국현대회화 특별전에 초대 작가로 출품하다. 대한미술협회 6·25 4주년 기념 미술전에 〈산〉, 〈길가에서〉가 입선하다. 제3회 대한민국미술전람회에 〈풍경〉, 〈절구〉가 입선하다. PX 일을 그만두고 집에서 창작에 몰두하다.
1955년(41세)	제7회 대한미술협회 창립 10주년 기념전에서 〈노상〉으로 국회문교분과위원장상을 받다. 제4회 대한민국미술전람회에 〈오후〉가 입선하다.
1956년(42세)	반도화랑을 통해 외국인 미술 애호가들의 관심을 받다. 제5회 대한민국미술전람회에 〈나무〉가 입선하다.

1957년(43세)	1958년 뉴욕에서 개최할 예정인 한국현대미술전에 초대 작가로 선정되다. 제6회 대한민국미술전람회에 대작 〈세 여인〉이 낙선하여 충격에 빠지다. 12월, 샌프란시스코에서 유네스코 미국위원회가 주최한 '아시아와 서양 미술전'에 〈노상〉을 출품하다.
1958년(44세)	뉴욕 월드하우스갤러리에서 열린 한국현대미술전에 〈모자〉, 〈노상〉, 〈풍경〉을 출품하다.
1959년(45세)	조선일보가 주최한 제3회 현대작가미술초대전에 〈봄〉, 〈휴녀(休女)〉, 〈노인과 유동(遊童)〉을 출품하다. 제8회 대한민국미술전람회에 추천 작가로 〈한일(閑日)〉, 〈좌녀(坐女)〉를 출품하다.
1960년(46세)	제9회 대한민국미술전람회에 추천 작가로 〈노상의 소녀들〉을 출품하다.
1961년(47세)	일본 국제문화연합회가 주최한 국제자유미술전에 〈나무〉를 출품하다. 제10회 대한민국미술전람회에 추천 작가로 〈노인〉을 출품하다.
1962년(48세)	경기도 화성군의 주한미군 공군사령부 도서관에서 박수근 작품전을 열다. 제11회 대한민국미술전람회에 심사 위원으로 선정되었으며 〈소와 유동(遊童)〉을 출품하다.
1963년(49세)	전농동으로 이사하다. 과음과 스트레스로 간경화에 걸리고 한쪽 눈을 잃는 등 건강이 극히 나빠지다. 제12회 대한민국미술전람회에 〈악(樂)〉을 출품하다.
1964년(50세)	제13회 대한민국미술전람회에 추천 작가로 〈할아버지와 손자〉를 출품하다.
1965년(51세)	지병이 악화되어 5월 6일 새벽 1시경 세상을 떠나다. 경기도 포천군 교회 묘지에 안장되다(2004년 강원도 양구군으로 이장). 10월 중앙공보관 화랑에서 박수근 화백 유작전이 열리다.
1970~2014년	1970년 현대화랑에서 유작 소품전을 열다. 1974년 백록화랑에서 '고 박수근 판화전'을 열다. 1975년 문헌화랑에서 '박수근 10주기 기념전'을 열다. 1978년 문화화랑에서 '박수근 미발표작전'을 열다. 1980년 정부로부터 대한민국 은관문화훈장을 추서받다. 1985년 현대화랑에서 '박수근 20주기 기념전'을 열다. 1990년 10월 강원도 양구군 비봉공원에 박수근 동상을 세우다. 1995년 현대화랑에서 '박수근 30주기 기념전'을 열다. 2002년 양구군에서 군립 박수근미술관을 열다. 2010년 현대화랑에서 '박수근 45주기 기념전'을 열다. 2014년 가나인사아트센터에서 '박수근 탄생 100주년 기념전'을 열다.

이 책에 실린 작품

〈나물 캐는 소녀들〉 1961년, 판지에 유채, 15x19.5cm

〈독서〉 1950년대, 판지에 유채, 20.1x13cm

〈봄이 오다〉 1932년, 수채, 크기 모름

〈맷돌질하는 여인〉 1940년대, 판지에 유채, 21.5x27cm

〈노상〉 1950년대, 판지에 유채, 21.6x28cm

〈우물가(집)〉 1953년, 캔버스에 유채, 80.3x100cm

〈길가에서〉 1954년, 캔버스에 유채, 107.5x53cm

〈기름장수〉 1953년, 판지에 유채, 29.3x16.7cm

〈절구질하는 여인〉 1954년, 캔버스에 유채, 130x97cm

〈빨래터〉 1950년, 캔버스에 유채, 50.5x111.5cm

〈노상〉 1957년, 캔버스에 유채, 31.5x41cm

〈앉아 있는 여인〉 1961년, 캔버스에 유채, 65x50.3cm

〈시장의 여인들〉 1960년대, 판지에 유채, 28x22cm

〈나무와 두 여인〉 1962년, 캔버스에 유채, 130x89cm

〈판자촌〉 1960년대, 판지에 유채, 29x15cm

〈골목 안〉 1950년대, 캔버스에 유채, 80.3x53cm

〈모자〉 1961년, 캔버스에 유채, 45.5x38cm

〈호동 왕자와 낙랑 공주〉 1950년대

〈공기놀이하는 소녀들〉 1960년대, 캔버스에 유채, 50x80.3cm

〈굴비〉 1962년, 판지에 유채, 15x29cm

〈감자〉 1952년, 판지에 유채, 26x52cm

〈농악〉 1962년, 판지에 유채, 59.3x121cm

〈귀로〉 1964년, 판지에 유채, 16.4x34.6cm

〈고목과 여인〉 1964년, 캔버스에 유채, 45x38cm

〈강변〉 1964년, 캔버스에 유채, 38x89cm

지은이 고태화

제주도 서귀포에서 태어나 2000년 제주문인협회와 2001년 제주작가회의에서 단편소설 부문 신인문학상을 받았습니다. 2003년 제주불교본사 관음사에서 주최한 제1회 제주4·3문학상에 중편소설이 당선되었습니다. 지금은 서울에서 글을 쓰고 다듬는 일을 하는 한편, 제주 문화와 역사를 어린이들에게 알리기 위한 책을 준비하고 있습니다.

 그린이 홍정선

홍익대학교에서 미술을 공부했고 어린이책의 그림으로 어린이들과 만나고 있습니다. 그린 책으로는 《준비됐지?》《대추리 아이들》《천사를 미워해도 되나요?》《이야기 섬의 비밀》《우리 동네 전설은》《오월의 달리기》《엄마는 학교 매니저》《도플갱어를 잡아라!》등이 있습니다.

 박수근, 소박한 이웃의 삶을 그리다

2014년 8월 1일 1판 1쇄 │ 2021년 11월 30일 1판 3쇄

지은이 고태화 │ 그린이 홍정선

기획 최일주, 이혜정 │ **편집** 큐리어스 정연진 │ **디자인** 민트플라츠 송지연 │ **제작** 박흥기
마케팅 이병규, 이민정, 최다은 │ **홍보** 조민희, 강효원 │ **인쇄** 코리아피앤피 │ **제책** J&D바인텍

펴낸이 강맑실 │ **펴낸곳** (주)사계절출판사 │ **등록** 제 406-2003-034호 │ **주소** (우)10881 경기도 파주시 회동길 252
전화 031)955-8588, 8558 │ **전송** 마케팅부 031)955-8595, 편집부 031)955-8596 │ **홈페이지** www.sakyejul.net
전자우편 skj@sakyejul.com │ **페이스북** facebook.com/sakyejulkid │ **인스타그램** instagram.com/sakyejulkid
블로그 skjmail.blog.me

값은 뒤표지에 적혀 있습니다. 잘못 만든 책은 구입하신 서점에서 바꾸어 드립니다.
사계절출판사는 성장의 의미를 생각합니다. 사계절출판사는 독자 여러분의 의견에 늘 귀기울이고 있습니다.

ISBN 978-89-5828-774-2 73600
ISBN 978-89-5828-775-9 (세트)